깨달음의 혁명

깨달음의 혁명

이반 일리치 지음

허택 옮김

사월의책

깨달음의 혁명

1판 1쇄 발행 2018년 8월 1일
1판 2쇄 발행 2021년 5월 10일

지은이 이반 일리치
옮긴이 허택
펴낸이 안희곤
펴낸곳 사월의책

편집 박동수
디자인 김현진

등록번호 2009년 8월 20일 제2012-000118호
주소 경기도 고양시 일산서구 중앙로 1388 동관 B113호
전화 031)912-9491 | **팩스** 031)913-9491
이메일 aprilbooks@aprilbooks.net
홈페이지 www.aprilbooks.net
블로그 blog.naver.com/aprilbooks

ISBN 978-89-97186-54-9 04300
ISBN 978-89-97186-50-1 (세트)

세상과 인류를 위해 우리 자신이 할 수 있는
가장 큰 기여는 스스로의 마음을 돌이키는 것입니다.

이반 일리치

차례

이 책에 실린 일부 글들은 다음의 제목으로 다른 간행물들에 처음 발표됨.

3장 외국인 아닌 외국인 (Not Foreigners, Yet Foreign)
PUERTO RICANS IN NEW YORK; 'NOT FOREIGNERS, YET FOREIGN' in *Commonweal*, ⓒ1956 by Commonweal Publishing Co., Inc.

8장 학교교육은 필요한가? (The Futility of Schooling)
THE FUTILITY OF SCHOOLING in *Saturday Review*, ⓒ1968 by Saturday Review, Inc.

6장 사라지는 성직자 (The Vanishing Clergyman)
THE VANISHING CLERGYMAN in *The Critic*, ⓒ1967 by The Thomas More Association

5장 부도덕한 자선 (The Seamy Side of Charity)
TO BE PERFECTLY FRANK in *America*, 1967. 1. 21. ⓒ1967 by America Press, Inc.

2장 폭력, 미국을 비추는 거울 (Violence: A Mirror for Americans)
VIOLENCE: A MIRROR FOR AMERICANS in *America*, 1968. 4. 27. ⓒ 1968 by America Press, Inc.

9장 학교, 그 신성한 소 (School: The Sacred Cow)
COMMENCEMENT AT THE UNIVERSITY OF PUERTO RICO in *The New York Review of Books*.

11장 가난을 부르는 경제개발 (Planned Poverty)
OUTWITTING THE 'DEVELOPED' COUNTRIES in *The New York Review of Books*.

12장 새로운 혁명의 원리 (A Constitution for Cultural Revolution)
THE NEED FOR CULTURAL REVOLUTION in GREAT BOOKS TODAY 1970, ⓒ1970 by Encyclopaedia Brittanica, Inc.

　　　　　　이 책에 실린 글과 저자를 새삼스럽게 소개할
필요는 없을 것 같다. 그럼에도 굳이 일리치 박사는 내게 이 글
을 쓸 영예를 주었고, 나는 그 제안을 기꺼이 받아들였다. 그 이
유는 아마도 우리에게는 태도와 신념에서 서로 공통점이 있고,
이 글이 그것을 표현할 기회라는 생각이 있었기 때문일 것이다.
물론 일리치 박사와 나는 몇 가지 견해에서는 상당한 차이가 있
다. 심지어 저자조차도 시간이 흐르면서 어떤 상황에서는 이 글
을 쓰던 때와 같은 입장을 고수하지 않았다. 하지만 그는 문제
에 접근하는 가장 핵심적 태도에서는 변함이 없었다. 그리고 바
로 이 핵심이야말로 우리가 공유하는 바이기도 하다.

　그 핵심을 적당하게 표현할 말을 찾기란 쉽지 않다. 어떻게
삶에 대한 근본적 접근을 조금도 비틀거나 구부리지 않고 하나
의 개념에 담을 수 있겠는가? 어쨌거나 우리는 언어로 소통할

수밖에 없으므로 가장 적절한 말을 고른다면, 아니 가장 덜 부적절한 말을 고른다면, 그것은 '인본적 급진주의'(humanist radicalism)일 것이다.

그렇다면 급진주의란 무엇인가? 특히 **인본적** 급진주의란 무엇을 의미하는가?

나는 급진주의를 특정한 이념 체계라기보다는 어떤 태도라든가 '접근방식'이라고 생각한다. 우선 이 접근방식은 "모든 것을 의심하라"(de omnibus dubitandum)는 한 마디 말로 특징지을 수 있겠다. 모든 것은 의심해야 한다. 특히 모든 사람이 다 받아들이다 보니 결과적으로 누구도 의심할 수 없는 상식이 되어버린 이념을 의심해야 한다.

이런 의미에서 '의심한다'는 것은 강박적인 의심처럼 어떤 확신도 못 갖고 결정도 못하는 심리상태를 뜻하지 않는다. 그와는 반대로 상식과 논리라는 이름 아래 우상이 되어버린 모든 가설과 제도들, 즉 사람들이 '당연한 것'으로 여기는 모든 것에 비판적 질문을 던지는 열린 자세와 능력을 말한다. 이러한 근본적(radical) 질문을 던지려면 자신이 속한 사회의 통념이나 르네상스 이후 서구문화 같은 한 시대 전체가 가진 통념을 당연한 것으로 받아들이지 말아야 한다. 나아가 의식의 범위를 확장하여 사고의 밑바닥에 있는 무의식의 측면까지 뚫고 들어가야 한다. 근본적 의심이란 거짓을 폭로하고 진리를 발견하는 행위다. 임

금님은 벌거숭이이며 그의 화려한 옷 역시 환상의 산물에 불과하다는 깨달음을 밝히는 행위이다.

근본적 의심이란 문제를 제기하는 일이지만, 그렇다고 해서 반드시 부정을 의미하는 것은 아니다. 단순히 반대를 제기해 기존의 것을 부정하기는 쉽다. 하지만 근본적 의심은 반대의 과정을 펼치면서도 부정과 긍정의 새로운 종합을 향하므로 변증법적이다.

근본적 의심은 또한 과정이다. 우상에 붙들린 사고에서 해방되는 과정이다. 인식의 지평을 확장하고, 가능성과 대안에 대한 상상력과 창조적인 시야를 넓히는 과정이다. 하지만 이 과정은 진공 상태에서 생기지 않는다. 무에서 시작하는 것이 아니라 뿌리에서 시작한다. 그 뿌리란 마르크스가 말했듯이 바로 인간이다. 하지만 "뿌리가 인간이다"라는 말은 실증적인 것도, 사실을 기술하는 뜻에서 하는 말도 아니다. 우리가 인간에 대해서 말할 때는 사물이 아니라 과정으로서 말하는 것이다. 또한 자신이 가진 모든 힘들을 발현할 가능태로서의 인간을 말하고 있는 것이다. 좀 더 철저하게 자기 자신이 되고, 다른 사람과 더 조화를 이루며, 더 사랑하고, 더 자각하는 힘 말이다. 하지만 인간에게는 타락할 가능성도 있다. 자기를 실현하기 위해 힘을 쏟으려는 열정은 타인 위에 군림하기 위해 권력을 추구하는 욕망으로 변질될 수 있다. 삶에 대한 강한 애착은 삶을 파괴하는 욕망으로 타락할 수 있다.

그러므로 인본적 급진주의란 근본적 질문을 던지는 태도이되, 그 태도는 인간 본성이 지닌 역동성에 대한 통찰, 곧 그의 성장과 그 본성의 충분한 발현에 관심을 가질 때 가능한 것이다.

인본적 급진주의는 현대의 실증주의적 사고와는 반대로 '객관적'이지 않다. 객관성이라는 것이 생각의 과정을 자극하고 풍요롭게 이끄는 열정적 목표가 없는 단순한 이론화를 뜻하는 것이라면 말이다. 그러나 객관성이 생각의 단계마다 비판적으로 걸러진 증거를 딛고 앞으로 나아가는 과정을 의미하고, 나아가 상식으로 굳어진 전제에 대해 비판적 태도를 갖는 것을 의미한다면, 인본적 급진주의는 충분히 객관적이다. 이 모든 것은 인본적 급진주의가 어떤 이념이건 제도건 더 큰 삶의 활력과 기쁨을 누릴 수 있는 인간의 역량을 키우는가 아니면 방해하는가 하는 관점에서 질문을 던지는 것을 의미한다. 하지만 이 글은 인본적 급진주의가 문제시하는 상식적 전제가 무엇인지 길게 나열하는 자리가 아니다. 그럴 필요도 없는 것이, 이 책에서 이미 일리치 박사는 강제적 교육이나 오늘날 성직자들의 역할이 얼마나 쓸모없는지 그 사례를 정확하게 다루고 있기 때문이다. 덧붙일 사례가 그밖에도 많이 있겠지만 그것들 역시 저자의 글에 이미 함축되어 있다. 그러므로 나는 여기서 현대의 '진보'(progress) 개념에서 엿보이는 몇 가지 점만 언급하고자 한다.

현대의 '진보' 개념은 생산과 소비의 끝없는 증대와 시간 절약을 통해 최대 능률과 이윤에 이르는 원리, 즉 삶의 질이나 인간 본성의 발현에 미치는 효과와는 상관없이 모든 경제 행위를 측정하는 원리를 말한다. 소비 증대야말로 인간을 행복하게 하는 길이며, 대규모로 기업 경영을 하려면 관료화와 비인간화는 불가피하다는 신조이기도 하다. 그것은 삶의 목적이 '소유'(따라서 사용)에 있지 '존재'에 있는 게 아니라고 말한다. 또한 합리적 사고는 지력에 달린 것이지 정서적 삶과는 하등 관계가 없는 것이라고 한다. 새로운 것일수록 언제나 오래된 것보다 좋다고 하면서도, 전통을 부정하는 것은 급진주의나 하는 일이라고 말한다. '법과 질서'의 반대에는 안정된 구조의 결핍이 있을 뿐이라는 것이다. 요컨대 근대 과학과 산업의 발전 과정에서 생긴 이념과 범주는 과거 어느 문화가 가졌던 것보다 우월하며 인간 종의 진보를 위해 없어서는 안 된다는 것이다.

인본적 급진주의는 이 모든 전제에 의문을 제기한다. 그리하여 설사 다른 사람에게 터무니없어 보이는 이념이나 해답에 도달하더라도 두려워하지 않는다.

나는 일리치의 글에 담긴 위대한 가치라면 인본적 급진주의를 가장 완벽하면서도 상상력이 넘치는 모습으로 보여준 점이라고 생각한다. 일리치는 비범한 용기와 탁월한 섬세함, 뛰어난 학식과 총명함, 풍부한 상상력을 지닌 사상가다. 그의 모든 사상은 인간이 육체적, 영적, 지적으로 자신의 가능성을 남김없이 펼칠 수 있게 하는 데 관심을 두고 있다. 일리치 사상의 중요성은 다른 저서와 마찬가지로 이 책에서도 인간이 지닌 전혀 새로운 가능성을 보여줌으로써 우리의 정신을 해방시키는 효과를 가져온다는 사실에 있다. 그의 글들은 또한 독자들에게 생기를 준다. 진부하고 메마르고 선입견이 가득한 관념의 감옥을 벗어 나오도록 문을 열어주기 때문이다. 그의 글이 터무니없다며 분노로만 반응하는 독자를 예외로 치면, 이 글들이 전하는 창조적 충격은 새로운 시작을 위한 희망과 열정을 불러일으킬 것이다.

에리히 프롬

이 책에 실린 각 장은 모두가 확신하는 고정 관념의 본질에 의문을 제기해온 내 노력의 과정을 기록한 것이다. 그러다 보니 각 장은 이 시대의 거짓을 다루는 글이 되었다. 거짓은 실상 이 시대의 제도 가운데 하나가 되어버렸다. 제도는 고정관념을 만들고, 이 고정관념을 그대로 받아들이면 우리 영혼은 고사되고 상상력은 틀에 갇힌다. 내 글은 분노가 서린 것도 있고 열정에 찬 것도 있다. 목적을 염두에 두고 쓴 글도 있고 그저 순수한 마음으로 쓴 글도 있다. 어떤 글이건 간에 나의 바람은 이 글을 읽는 사람들이 늘 미소를 짓고, 그렇게 해서 자유를 얻었으면 하는 것이다. 물론 그 자유를 얻기 위해서는 대가를 지불해야 할지도 모른다.

여기 실린 글들은 대부분 출간되고 얼마 안 있어 악명을 떨쳤다. 우연히 벌어진 일은 아니다. 글 하나하나는 특정한 고정관념을 신봉하는 집단 앞에서 발표하기 위해 그들에게 맞게 각각 다른 글로 썼다. 그리고 그 신념의 급소를 강타해 위기로 몰아넣고자 했다. 각각의 글들은 그 분야에서 입지를 다진 관료주의자의 신경을 거슬리게 했다. 글을 읽는 순간 더 이상 자기들의 '사업'을 당연한 것으로 합리화하기가 어려워졌기 때문이다.

따라서 이 글들은 말 그대로 그때그때 쓴 것이다. 시간이 흐르면서 어떤 세부사항은 수정할 필요가 생겼다. 통계라든가 글에서 다룬 당시 정황, 심지어 내 태도조차 그 방식이나 중요성이 달라졌기 때문이다. 하지만 글들을 책에 실으려고 언론 용어로 말하자면 일부러 '업데이트'하지는 않았다. 이 글들 자체가 한 시대의 현상을 보는 견해를 반영하고 있기 때문이다. 또한 여러 글을 한 권으로 묶다 보니 몇 가지 사실이 반복되고 표현이 겹치기도 했다. 애초에 글을 쓸 때부터 언젠가 책 한 권에 담을 것을 염두에 두었더라면 좋았을 것이다. 하지만 사실을 기록하고 강조하기 위해 이 경우에도 처음 쓴 그대로 실었다는 것을 밝혀둔다.

이반 일리치
멕시코 쿠에르나바카에서, 1970

제1장

당신의 깨달음을 축하합니다

A Call to Celebration

이 선언문은 1967년 로버트 폭스[1]와 로버트 시어볼드[2]를
비롯한 몇몇 동료들과 공동으로 발표한 것으로, 당시
우리 안에 흐르던 분위기가 반영되어 있다. 이 글을 쓸
때는 펜타곤 앞에서 베트남 전쟁에 반대하는 시위행진이
한창이었다. 환상에 현혹되기보다는 사실을 직시하고
기술에 안주하기보다는 변화를 살아내자는 이 초대는
'축하'(celebration)라는 말을 다시 일상용어로
불러들이려는 시도이기도 하다.

•

우리는 우리 친구들 그리고 이름 모를 다른 친구들과 함께 다
음과 같은 일에 당신을 초대합니다.

– 우리 힘을 한데 모아 모든 사람들에게 삶의 기쁨을 누리는

---

1 Msgr. Robert Fox. 가톨릭 신부. 1960년대 뉴욕 할렘가 등지에서 라틴계 이민과 빈
민들을 위한 공동체 운동을 조직하고 활발한 활동을 벌였다. — 이하의 각주는 모두 옮
긴이 주.
2 Robert Theobald. 경제학자이자 미래학자. 모든 재화는 최소의 노동만으로도 대량
생산이 가능하며, 따라서 모든 사람에게 저렴하고 풍요롭게 제공할 수 있다고 주장했
고, 기본소득제를 옹호했다.

데 필요한 음식과 옷과 거처를 제공하는 일에 당신을 초청합니다.

- 우리 모두가 각자의 인간성과 존엄과 기쁨을 일구려면 인류의 힘을 어떻게 써야 하는지 찾는 일에 당신을 초청합니다.
- 우리들에게는 각자 진실한 감정을 표출할 수 있는 능력이 있으며, 그것을 표출하기 위해 우리 모두의 힘을 한데 모을 수 있는 능력이 있음을 깨닫는 일에 당신을 초청합니다.

우리는 이러한 변화를 오로지 살아감으로써 실현할 수 있습니다. 진정한 인간성에 이르는 길은 생각으로는 찾을 수 없기 때문입니다. 우리 한 사람 한 사람, 그리고 우리와 함께 살고 일하는 모든 그룹들은 앞으로 이루고자 하는 시대를 직접 보여주는 본보기가 되어야 합니다. 앞으로 개발될 수많은 본보기들도 우리들 각자에게 서로의 능력을 마음껏 축복해줄 수 있고 좀 더 인간적인 세상으로 통하는 길을 발견할 수 있게 하는 환경을 마련해주어야 합니다.

우리는 낡은 사회경제 체제를 허물어야 하는 도전을 맞고 있습니다. 이 체제는 우리 세상을 특권층과 소외층으로 갈라놓았습니다. 정부 지도자건 그 반대자건, 기업가건 노동자건, 교수건 학생이건 우리는 공동의 죄에 연루되어 있습니다. 우리의 이상과 사회구조에 필요한 변화를 어떻게 이끌어낼지 찾는 일에 모두가 실패했기 때문입니다. 무능과 책임의식의 결여로 인해 우리는 각자 세계 도처에서 고통을 일으켜 왔습니다.

우리 가운데 온전한 이는 아무도 없습니다. 어떤 이는 육체적으로, 어떤 이는 정신적으로, 나머지는 감정적으로 그렇습니다. 그러므로 우리는 온 힘을 다해 서로 협력하여 새로운 세상을 창조해야 합니다. 파괴하고 증오하고 분노할 시간은 이제 없습니다. 희망과 기쁨과 축복으로 그 세상을 만들어야 합니다. 스스로 선택한 직업과 양심의 박동소리를 따를 자유가 가득한 시대 말입니다. 의식주가 해결되고 나면 인간에게는 시와 놀이, 그리고 자기실현을 위한 노력이 더 중요하다는 것을 깨달아야 합니다. 그렇게 되면 우리는 자신의 발전에도 기여하고 우리 사회에도 큰 의미를 갖는 활동 영역들을 택하게 될 것입니다.

그러나 우리는 또한 시대에 뒤떨어진 산업사회의 구조 때문에 자기실현의 길이 심각하게 가로막혔다는 사실도 깨달아야 합니다. 우리는 지금 끊임없이 자라난 인간의 힘이 가하는 충격파에 쫓기고 옥죄어 있습니다. 이 체제는 기술적으로 가능하기만 하면 무슨 무기든 개발하고 그것을 받아들이라고 우리에게 강요합니다. 이 체제에서는 생산성을 높이고 비용을 낮출 수만 있으면 어떤 설비나 장비, 원료와 자재도 개발하고 그것을 받아들이라고 우리에게 강요합니다. 이 체제에서는 소비자를 유혹하는 온갖 방법을 개발하고 그것을 받아들이라고 우리에게 강요합니다.

인간 자신이 바로 자기 운명의 주체이고, 도덕이야말로 정책 결정의 기준이며, 기술이란 것이 인간을 이끄는 힘이 아닌 하인에 불과하다는 사실을 시민에게 납득시키려면, 오늘날에는 주어진 정보를 뒤집어 보는 것이 필요합니다. 대중에게 정보를 제공한다는 이상은 무너져버렸고, 강요된 행위가 마치 바람직한 행위라도 되는 양 대중에게 믿게 하려는 시도가 그 자리를 차지하고 말았습니다.

갈수록 복잡해져가는 합리적 기술 과정과 그로 인해 발생하는 사고에 대한 계산 착오는, 사적 부문이나 공적 부문에서 일하는 정책 결정자들의 정직성을 더욱 더 의심의 눈초리로 지켜보아야 할 이유를 제시해줍니다. 이에 따라 국가지도자, 행정관료, 경영자, 이사진, 노조지도자, 교수, 학생, 부모의 역할을 맡은 사람들을 공격하려는 조짐도 나타나고 있습니다. 하지만 개인에 대한 이 같은 공격은 우리가 직면한 위기의 진정한 본질을 가립니다. 즉 오늘날의 체제야말로 인간에게 자기 삶을 스스로 파괴하도록 몰아가는 악마적 속성을 지닌 장본인이라는 사실 말입니다.

우리는 인간성을 말살하는 이 체제에서 벗어날 수 있습니다. 모든 걸 손아귀에 넣고 결정하는 산업시대의 권력과 구조에 굴복하지 않으려는 사람이라면 그 길을 찾을 수 있습니다. 우리의 자유와 힘은 미래를 책임지려는 의지에 달려 있습니다.

실로 미래는 이미 현재 속에 파고 들어와 있습니다. 우리는 각자 여러 시간대를 살아갑니다. 어떤 사람의 현재는 누군가에게는 과거이고, 또 다른 누군가에게는 미래입니다. 우리는 미래가 이미 존재한다는 사실, 그리고 원하기만 하면 그 미래를 현재에 불러들여 과거의 불균형을 바로잡을 수 있다는 사실을 보여주며 살아야 할 소명이 있습니다.

다가올 미래에는 강압적인 권력과 권위, 즉 위계질서에 기대어 타인의 행동을 강제하는 권능을 더 이상 행사할 수 없게 해야 합니다. 우리는 또한 권력구조를 바꾸거나 더 효율적인 관료체제를 만들어 당면한 문제를 해결하려는 태도를 버려야 합니다. 이 새 시대의 특징을 한마디로 요약하면 '특권과 면허장의 종언'이 될 것입니다.

인류가 성숙을 향해 가는 이 길에 합류하여 우리와 더불어 미래를 창조해 나가는 일에 당신을 초대합니다. 우리는 인간의 새로운 여정이 막 시작되었다고 믿습니다. 지금까지 인류는 고된 노동에 억눌린 탓에 혁신적이고 창조적인 능력을 개발할 기회가 오래도록 막혀 있었습니다. 하지만 이제 우리는 원하는 대로 인간답게 살 자유가 있습니다.

우리들의 인간다움에 대한 축하는 함께 모여 서로의 관계를 치유하는 몸짓을 통해서, 그리고 각자의 천성과 필요를 더욱 깊이 받아들임으로써 가능합니다. 그것은 분명 기존의 가치 및 체제와 중대한 충돌을 일으킬 것입니다. 하지만 개인의 존엄성과 개개인의 인간관계를 확장하기 위해서는 기존 체제에 대한 도전을 회피할 수 없습니다.

이 초대는 미래를 살자는 것입니다. 오늘의 삶으로 내일의 미래를 만들 수 있다는 이 깨달음을 기쁜 마음으로 함께 모여 축하합시다.

제2장

폭력, 미국을 비추는 거울

Violence: A Mirror for Americans

어떤 상황에서도 선행을 하고자 하는 충동은 미국인의 타고난 본성이다. 그런데 이 나라 사람들은 누구에게 선행을 베풀지 선택할 수 있는 권리와 의무, 그리고 실제로 그럴 수 있는 능력이 자신들에게만 있다고 믿는 듯하다. 궁극적으로 이런 태도는 다른 나라 사람에게 미국이 던지는 선물 세례나 받아먹으며 살게 이끌 뿐이다.

1968년 초 나는 몇몇 친구에게 바깥에서 본 미국의 이런 이미지를 이해시키려고 끈질기게 노력했다. 나와 이야기를 나눈 사람들은 주로 펜타곤 시위행진을 조직한 활동가였다. 나는 말로 표현할 수 없는 공포감을 그들과 나누고 싶었다. 베트남 전쟁이 끝나고 나면 전쟁을 지지한 매파나 비둘기파가 다 같이 합세해 제3세계의 빈곤을 퇴치한다는 명분으로 끔찍한 전쟁을 벌일지 모른다는 두려움이 엄습했기 때문이다.

•

미국에서 '빈곤과의 전쟁'[3]이 큰 실패로 끝나고 대도시 소요만을 일으킨 것을 기화로 하여 미국인들은 '진보를 위한 동맹'[4]이 라틴아메리카에서 거센 반란 사태만 일으키고 실패로 끝난 이유에 대해서도 눈을 뜨기 시작했다. 이 두 사례는 남베트남을 지키는 것이 영웅적인 자비심의 발로라 여기면서 막대한 인명과 자금을 쏟아 붓고도 아시아 민중의 마음을 얻는 데 실패한 베트남 전쟁과도 관련이 있다. 즉 뉴욕 할렘과 과테말라, 베트남, 이 세 지역의 실패는 하나의 뿌리에서 나왔다.

세 지역에서의 시도가 다 불발로 끝난 이유는, 미국이 전하고자 한 물질적 풍요의 복음을 전 세계의 압도적 다수가 신뢰하지 않았다는 데 있다. 나는 미국이 베푸는 선행의 의미가 라틴아메리카 사람들이나 아시아인들에게 어떻게 인식되는지 미국인들이 알아차린다면, 자국의 빈민가 문제에 어떤 의미가 있는지도 깨달을 수 있을 거라 믿는다. 그렇게 되면 더 새롭고 효율적인 정책을 생각해낼 수도 있을 것이다.

---

3 War on Poverty. 1965년 린든 존슨 대통령이 극빈층의 의료, 교육 등 획기적 생활 개선을 천명하면서 밀어붙인 정책. 큰 성과는 거두지 못하고 존슨의 대통령 재선에만 도움을 주었다는 평가가 있다.
4 Alliance for Progress. 1961년 케네디 대통령 시절, 미국이 주축이 되고 라틴아메리카 22개국이 참가해 세운 경제개발계획. 10년 간 200억 달러의 원조와 투자를 제공한다는 계획이었지만, 그 배후에는 쿠바혁명의 파급을 막으려는 목적이 컸다.

외국에서 온 착한 착취자

나는 쿠에르나바카의 학생들과 접촉하면서 위 세 지역에서 실패를 낳은 공통의 뿌리에 대한 인식이 점점 더 높아지는 것을 확인할 기회가 있었다. 쿠에르나바카의 '문화교류문헌자료센터'(CIDOC)에서는 지난 2년 동안 자본이 넘치는 사회와 자본이 부족한 사회에서 각각 가난을 어떻게 겪고 있는지 비교하는 토론회를 열었다. 이 토론회에는 '빈곤과의 전쟁'에 헌신했던 미국인들도 상당수 참여했는데, 나는 이들이 라틴아메리카를 연구 관찰하면서 미국의 소수 극빈층과 제3세계의 다수 빈곤층 사이에 밀접한 관계가 있음을 비로소 깨닫고 충격을 받는 모습을 지켜볼 수 있었다.

그들이 보여준 감정적인 반응은 이성적 통찰에 따른 반응보다 대체로 훨씬 격렬했다. 지금까지 균형을 잡아준 신념이 갑자기 무너지자 중심을 잃는 사람도 한둘이 아니었다. 그 신념이란 말하자면 "미국의 방식이야말로 인류를 위한 해결책"이라는 믿음이다. 얼마 전 흑인폭동이 일어난 로스앤젤레스 와츠 지역에서 온 사회사업가건, 볼리비아로 파견되어 가는 선교사건, 하나같이 선한 동기로 일해온 이들은 인류의 90퍼센트가 자기들을 어떻게 보는지를 깨닫고는 끔찍한 고통과 낭패감에 빠졌다. 그들은 '외부에서 온 착취자'에 다름 아니었다. 그들은 민주주의,

기회균등, 자유기업이라는 이상으로부터 이득을 얻을 가망이 전혀 없는 사람들에게 그런 이상을 믿게 부추겨 자신의 특권을 강화하는 사람들이었다.

전쟁 국면에 있는 베트남에서는 폭력의 양상이 너무나 끔찍하여 무엇이 폭력을 유발하는지 그 원인을 선명하게 분석하기가 어렵다. 따라서 다른 두 가지 프로그램, 즉 '빈곤과의 전쟁'과 '진보를 위한 동맹'에 쏟는 미국의 관심에 초점을 맞추는 것이 더 의미가 있겠다. 빈곤과의 전쟁은 사회사업가가 수행하는 전쟁이고, 진보를 위한 동맹은 미국이 라틴아메리카 국가의 3분의 2에서 군사정권을 유지하거나 그들에게 권력을 넘기려고 결성한 동맹이다. 둘 다 선의의 이름으로 시작했고, 현재는 평화를 위한 프로그램들로 보이지만, 사실은 폭력을 잉태한 것들이다.

모두가 부자가 되는 꿈

빈곤과의 전쟁은 미국의 이른바 '혜택 받지 못한 비주류'를 미국식 생활방식의 주류로 통합하는 것이 목표다. 진보를 위한 동맹은 라틴아메리카의 이른바 '저개발' 국가를 산업국가 대열로 통합하는 데 목표가 있다. 두 정책은 모두 가난한 사람을 '아메리칸 드림'에 동참시키려고 계획한 것이다. 그러나 두 정책 모두 실패했다. 가난한 사람들은 남의 명령에 따라 꿈을 꾸지는 않겠다고 거부했다. 돈을 주며 꿈을 꾸라는 명령은 오히려 그들을 난폭하게 만들었다. 막대한 자금이 미국의 소수와 라틴아메리카의 다수를 미국식 중산층의 세상에 통합시키는 데 쓰였다. 그 세상이란 많은 이가 대학에 다니고, 일반적인 소비수준을 유지하며, 적당한 가구용품을 갖추고, 보험에 들고, 휴일에는 교회나 영화관에 가는 곳을 말한다. 미국을 움직이는 이런 행동 동기를 심어주려고 일군의 자비로운 자원봉사자들이 뉴욕 빈민가와 라틴아메리카 밀림을 떼지어 누비고 다녔다.

지금 현장에서 좌절을 맛보고 돌아온 사회사업가와 전직 평화봉사단원들은 가난한 이들이 미국식 복음으로 개종하지 않겠다고 거부하는 것이 정당하다고 미국 주류층을 설득하는 몇 안 되는 사람들이다. 진보를 위한 동맹이라는 대규모 선교단이 출범하고 7년도 되지 않아 미국의 소요 진압 경찰과 라틴아메리카의 군사정권, 베트남으로 파견된 군대는 벌써 추가자금을 요구한다. 하지만 현재 이 돈은 가난한 사람들의 생활을 향상시키는 데 쓰이는 것이 아니라, 사회 곳곳에서 미국식 생활방식으로 이득을 챙겨온 소수 개종자들이 중산층으로 가기 위해 확보한, 취약한 교두보를 지키는 데 쓰인다는 점이 이미 드러나고 있다.

그들만의 세상

미국의 선교 활동과 전쟁이 벌어지고 있는 세 작전지역을 비교해 보면 미국인은 금방 자명한 이치를 깨달을 것이다. 양당제와 의무교육 제도를 갖춘, 성공한 사람과 소비자의 나라인 미국 사회는 가진 자에게는 적합한 사회일는지 모르지만 전 세계 나머지 사람들에게는 결코 맞지 않다는 사실이다. 그러니 1년에 3천 달러도 못 버는 미국의 15퍼센트 소수와 1년에 300달러도 못 버는 전 세계 80퍼센트 다수가 풍요 속의 삶이라는 틀에 자기들을 끼워 맞추려는 획책에 맞서 폭력으로 반발하는 것도 무리가 아니다.

지금이야말로 미국인은 자신들이 선택한 삶의 양식이 다른 사람들과 나눌 만한 것이 못 된다는 엄연한 사실을 깨달아야 한다. 나는 8년 전 라틴아메리카 주교회의 의장인 고(故) 마누엘 라레인(Manuel Larrain) 주교에게, 필요하다면 라틴아메리카로 선교사가 오지 못하게 헌신할 각오가 서 있다고 말했다. 그의 대답이 지금도 귀에 쟁쟁하다. "우리 라틴아메리카 사람에게 선교사는 필요 없을지 몰라요. 하지만 그들은 우리가 만나서 교육시킬 수 있는 유일한 미국인입니다. 그들에 대해 그 정도 책임은 우리에게 있는 거죠."

지금 시점은 돈으로 유혹하건, 설득력을 발휘하건, 총으로 제압하건, 폭력이 일어날 가능성을 완전히 없애기 어려운 상황이다. 미국 빈민가에서 여름 한 철을 보내고 과테말라, 볼리비아, 베네수엘라 등에서 1년을 꼬박 지내본다면, 우리는 방어전이 벌어지는 주요 세 현장에서 미국의 정책에 어떤 반발이 일어나고 있는지 그 유사점을 분석할 수 있을 것이다. 이 전쟁은 와츠, 라틴아메리카, 베트남에서 사이비종교와도 같은 미국의 이념을 지키고자 하는 전쟁이다. 세 전선에서 전투가 벌어지고 있지만 그것은 근본적으로 같은 전쟁이다. 즉 이 전쟁은 "서구의 가치를 수호하기 위한" 전쟁인 것이다.

이 전쟁의 기원과 외양은 인류에게 풍요로운 삶을 제공하겠다는 고결한 이상과 너그러운 동기에서 나온 듯 보인다. 하지만 그 이상 뒤에 감춰진 음모가 모습을 드러내기 시작하자 원래 계획은 다 압살되고 한 가지 강력한 목표만 남게 되었다. 그 목표란 극소수 에게만 풍요를 가져다주는 삶의 양식과 죽음의 양식을 지켜내겠다는 것이다. 그리고 이런 삶과 죽음의 양식은 널리 확산시키지 않으면 지켜낼 수 없는 것이므로, 풍요를 누리는 자들은 그렇게 하는 것이 모두의 의무라고 선언한다. "모두가 더 많이 가지기 위해서"라는 구호는 이미 속셈을 드러내기 시작했다. 그 말은 "내가 덜 가질까봐"로 들린다.

돈·총·교사

세 전장에서 구사하는 전략은 똑같다. 돈과 군대, 교사가 그
전략이다. 하지만 미국의 돈으로 혜택을 입은 사람은 미국 빈민
가에서도 라틴아메리카에서도 베트남에서도 소수에 불과하다.
그리고 이렇게 수입된 특혜가 결과적으로 소수에게 집중되면,
소수는 다수에 대항해 자신들을 더욱 단단하게 지켜야 할 필요
성이 생긴다. 대다수 빈곤층에게 그들을 둘러싼 경제가 성장한
다는 것은 좌절감이 심화된다는 의미이기도 하다. 따라서 이 풍
요의 세 전선에서 성공한 사람들을 보호하기 위해서는 총이 더
욱 중요해진다. 미국의 경우를 보면, 총을 가진 시민이 늘어나는
것에 발맞춰 경찰력도 강화되는 것을 알 수 있다. 최근 과테말
라에서는 미 대사관 무관이 살해된 일이 있었다. 죽기 직전 그
는 우익 폭력단이 무장을 할 수 있게 미 대사관이 지원하는 사
안을 승인했다. 치안을 유지하기 위해서는 폭력단이 군대보다
더 효과적이기(그만큼 더 잔인하기) 때문이었다.

이렇게 돈과 총이 들어오고 난 다음에는 이상주의자들이 전
장 곳곳에 출현한다. 교사, 자원봉사자, 선교사, 지역사회 조직
가, 경제개발 계획가들이 그들이다. 이들은 자신들의 역할을 '봉
사'라고 정의한다. 그러나 실제로 그들이 가장 많이 하는 일은
돈과 무기로 상처를 입은 사람들이 그 상처에 무감각해지게끔

마비시키는 일이다. 또는 풍요와 성취의 세상이 가져다 줄 혜택으로 '저개발' 상태의 사람들을 현혹시키는 일이다. 그들은 특히 도움 받은 사람들의 '배은망덕'을 괴로운 보상으로 여긴다. 마치 「피너츠」 만화에 나오는 착한 찰리 브라운의 화신 같다. 찰리는 말한다. "그토록 성실한 네가, 어떻게 이처럼 망칠 수 있는 거지?"

나는 현재의 흐름이 계속되어 지금처럼 할렘, 라틴아메리카, 아시아에서 나타나는 폭력으로 번지다 보면, "미국의 신념을 주입하는" 외국인들과 그들을 대리하는 내국인들에게 더 직접적인 화가 미치리라 본다. 미국의 정치, 교육, 경제 제도가 해결책이라면서 들고 온 세일즈맨의 면전에서 가난한 사람들은 더욱 굳게 문을 걸어 잠글 것이다. 그리고 이렇게 거부하는 사례가 늘어나면 늘어날수록 미국 사회의 신조를 팔러 온 세일즈맨들 사이에서도 신념을 잃는 사람이 늘어날 것이다. 불만과 무력감, 미국을 향한 분노가 미국 방식을 순수한 마음으로 지지했던 이들의 열정까지 허물고 있다.

폭력의 스펙트럼

나는 외국의 군사력이나 경제력보다 가난한 이들을 더 분노하게 만드는 것은 외국의 신(이상, 우상, 이데올로기, 신조, 가치관)

이라고 생각한다. 이 가난한 이들은 미국인과 똑같은 일을 하면서 돈은 절반만 받을 때보다, '코카콜라'라는 비싼 설탕물을 먹으라고 자신들을 유혹할 때 더 화가 난다. 군부통치를 받는 것보다 외국인 신부가 와서 청결하고 검소하게 살라느니, 사회주의에 저항하고 부당한 권력에 순종하라느니 하고 설교할 때 더 분노한다.

내가 지금 상황을 정확히 읽고 있다면, 향후 몇 년 안으로 외국 이념을 대변하는 상징물이나 그 이념을 팔려는 시도에 맞서 더 큰 폭력이 터져 나올 것이다. 나는 이 폭력이 자신을 소외시키는 상징들을 거부하면서 터져 나온 격렬한 분노지만, 근본적으로는 건강하다고 생각한다. 하지만 이 폭력이 격화되어 증오와 범죄로 굳어질까 두렵다. 최근 마틴 루터 킹 목사가 암살당한 뒤 디트로이트, 워싱턴, 신시내티 등에서 발생한 폭력 사태를 보면, 미국 빈민가 사람들이 그동안 얼마나 억눌려왔는지 알 수 있다. 작은 불꽃만 일어도 폭동이나 파괴 행위로 번질 기세다.

이렇듯 폭력은 좌절당한 삶의 활력을 분출하는 것에서부터 자신을 소외시키는 우상들을 광적으로 배척하는 것까지 그 범위가 넓다. 그러므로 그 차이를 분간하는 것이 중요하다. 하지만 미국의 지성인들은 미국이 베트남에서 저지른 냉혹한 살육에 경악하거나, 아무리 다수의 백인이라도 다른 소수인종의 삶을 억누를 수 없다는 사실에 현혹이 되어, 두 곳의 차이를 뚜렷이 보지 못하고 있다. 보통의 미국 학생들은 베트남 전쟁과 빈민가의 폭력에 감정을 깊게 이입한 나머지, 이 폭력들의 차이에 주목하라고 하는 것조차 금기에 가까운 일이 되고 말았다. 이런 이유에서라도 우리는 '빈곤과의 전쟁'이 벌어지는 세 번째 전쟁터에서 미국식 생활 방식에 어떤 반응이 나타나고 있는지 미국 학생을 이해시키는 교육이 필요하다. 세 번째 전쟁터는 바로 라틴아메리카다.

무기를 버리고 돌멩이를 들어라

라틴아메리카를 거울삼아 비춰보면, 미국의 빈민가와 중국의 국경 외곽에서 벌어지는 폭력으로부터 새로운 의미를 발견할 수 있다. 그것은 미국적 가치에 대한 거부이다. 나는 쿠에르나바카에서 여러 해 동안 미국의 '이념 세일즈맨'들을 상대해본 경험으로 이런 값비싼 통찰을 얻을 수 있었다. 연간 5천 달러를 더 받아서 유지하는 삶의 방식에서는 탈출구를 찾을 수 없으며, 한두 세대가 지나도 열에 아홉 사람은 그런 삶의 방식으로 들어설 수 있는 길도 없다. 이 아홉 사람에게는 부자들로부터 경제적이고 사회적인 구원의 메시지를 듣는 것보다 더 역겨운 일이 없다. 이들의 설교를 곧이곧대로 표현하자면, 북대서양 주변에 이룩될 것이라 선포된 하느님의 나라에 가난한 이들이 맞춰 살지 못하는 건 그들 잘못이라는 것이다.

수십억 인류를 메스껍게 만드는 것은 겨우 수백만 명이 영위하는 미국식 생활방식이 아니다. 그보다는 미국식으로 살아가는 이들이 사이비종교 같은 그들 신조의 우월성을 사회적 약자들이 받아들일 때까지 지치지 않고 강요할 거라는 확신 때문이다. 언제나 그렇듯이 자연발생적인 폭력은 우상에 복종하라는 강요가 가해질 때 터져 나온다. 그럼에도 개인이나 민중이 거부할 공산이 큰 우상을 계속 받들라고 요구한다면, 이제 그 폭력이 조직화된 폭력으로 확산되는 것도 정당화할 수밖에 없다.

지금 쿠에르나바카에 망명중인 브라질 농민운동 지도자 프란시스쿠 줄리앙(Francisco Julião)은 최근 이 원칙을 분명하게 설파했다. "절대로 민중의 손에 무기를 쥐어주지 마십시오. 민중의 손에 무기를 쥐어준 사람은 스스로 파괴행위를 하는 것입니다. 민중의 손아귀에 들어간 무기는 언젠가는 그들을 거역하는 데 쓰일 것입니다. 무기는 반드시 그 무기를 받은 가난한 사람들을 패배하게 합니다. 분노 끝에 집어든 돌멩이와 몽둥이만이 인간의 고결함을 더럽히지 않을 수 있습니다."

이런 점에서 같은 입장에 있는 북아메리카의 시민은 라틴아메리카 사상가들이 최근 몇 년 동안 얻은 통찰을 배우는 게 중요하다. 콜롬비아를 보라. 이곳에는 돈 때문에 사람을 죽이는 무장강도도 있고, 훈련 삼아서 또는 깃발 때문에 서로를 죽이는 군인과 게릴라가 있으며, 폭동을 일으킨 군중들 틈에서 사람을 죽이는 분노에 찬 이도 있다. 그리고, 카밀로 토레스[5] 같은 증언자도 있다. 그는 억압적인 정권에 맞서서 살아남을 수 있는 능력을 시위할 목적으로 산속으로 들어갔고, 그렇게 정권의 부당성을 증명하려 했다.

군대와 무장강도는 조직할 수 있고, 폭동은 선동할 수 있으며, 그들의 좌절과 분노는 시간이 가면 시들해지거나, 아니면 삭막한 이성을 통해 어떤 '이념'에 봉사하게 길들일 수 있다. 반면에 증언이란 언제나 고독한 사명이어서 갈보리 언덕까지 올라서야 끝이 난다. 물론 깊은 차원의 불복종을 진정으로 증거하는 일은 그것을 막으려는 극단의 폭력을 일으키게 마련이다. 하지만 나는 그런 증언을 조직하거나 제도로 만들 수 있는 방법이 과연 있는지 모르겠다.

미국의 관찰자가 라틴아메리카에서 벌어지는 폭력을 연구한다면, 그의 삶은 송두리째 흔들릴 수밖에 없다. 하지만 잠깐 흔들릴지는 몰라도 여전히 자기와 무관한 일이라 생각할 것이다. 왜냐하면 타인의 눈에 깃든 환상은 보기 쉬워도 자기 안에 숨은 망상은 보기 어렵기 때문이다. 급격한 사회 변화가 라틴아메리

---

5 Camilo Torres. 콜롬비아의 사회주의자이자 사제, 해방신학자. 처음에는 평화적 저항 운동을 벌이다가 끝내 총을 들었고, 결국 정부군에 사살되었다. '총을 든 신부'라는 별명으로도 유명하다.

카 사람들 마음에 간직된 우애를 어떻게 바꿨는지 비판적으로 검토하면 미국 사람의 마음에 있는 우애를 통찰하는 데도 유익하다.

자본이 부족한 라틴아메리카에서 대다수 민중은 미국식 엘리트 중산층으로 성공한 이들이 누리는 혜택에서 배제되어 있다. 지금도 그러하고 앞으로도 그럴 것이다. 풍요로운 경제를 누리는 미국에서도 라틴아메리카 사람들처럼 다수 중산층으로부터 소외된 소수의 항의가 터져 나오고 있다. 미국의 관찰자가 이들을 비교해보면, 서로 분리되어 있는 이 불평등한 두 사회가 전 세계에 걸쳐 어떻게 성장하고 있는지 이해할 것이다. 그리고 두 사회 사이에 폭력을 불러오는 동력이 무엇인지 간파할 것이다.

제3장

외국인 아닌 외국인

Not Foreigners, Yet Foreign

1951년부터 1956년까지 나는 뉴욕 맨해튼 웨스트 사이드의 강생 교구에서 신부로 봉직했다. 당시는 푸에르토리코인들이 암스테르담가와 브로드웨이 사이에 있는 서민 아파트로 한창 몰려들던 때였다. 이들이 들어와서는 한 세대 전 아일랜드에서 뉴욕으로 건너온 수많은 이민자 가정을 밀어내고 있었다. 나는 양쪽 사이에 벌어진 갈등에 휘말렸고, 그 이유에 대한 논쟁에도 참여하게 되었다.

미국에 처음 온 나로서는 일개 약사로부터 뉴욕시장에 이르기까지 뉴욕사람들이 정책 결정을 하는 데 있어서 하나같이 구태의연한 관성에 젖어 있는 것을 보고 놀라지 않을 수 없었다. 그들은 푸에르토리코인들을 이해하는 데 도움이 될 만한 것들을 분명히 알 수 있는데도 이전 이민자 집단에게 쓰던 낡은 개념으로 그들을 이해했다. 폴란드인과 이탈리아인에게 맞는 개념이라면 푸에르토리코인에게도 맞으리라 생각했다. 나는 최소한 가톨릭교회에서만이라도 푸에르토리코 이민이 전례 없는 현상임을 이해시키려고 노력했다. 놀

랍게도 스펠만 추기경이 내 의견에 흥미를 갖고 귀
기울여 주었다.

•

1924년 국가별 이민 할당제가 도입되자 뉴욕이라는 솥 안으로 뛰어드는 이민 추세가 잦아들면서 드디어 진정한 융화과정이 시작되는 듯했다. 하지만 40년대 후반에 이르자 뉴욕사람들은 새로운 도전에 부딪혔다. 바로 미국령 출생의 '외국인', 푸에르토리코인들이 물밀 듯 들어온 것이다. 노동당 하원의원 비토 마르칸토니오가 뉴욕 이민자들의 대변인으로 전성기를 누리던 1943년만 해도 푸에르토리코인은 3만 5천 명이 채 안 되었다. 1956년 현재 그들은 50만 명을 넘었으며, 여러 지표상 이 숫자는 아직도 정점을 친 것 같지 않다.

이민자 대하기

이들 푸에르토리코인은 외국인이 아니다. 하지만 그들보다 먼저 온 어떤 이민자보다 더 외국인 취급을 받는다. 이들에게 선의를 가진 사람이라면 겉으로 보이는 이 모순을 잘 알아야 한다. 왜냐하면 단지 외국인이라는 이유만으로 친절하게 대하는 태도는 일종의 차가운 우월감에서 나오는 것이기 때문이다. 상대를 그런 식으로 대하는 사람은 진정으로 상대를 이해하려는 생각을 일찌감치 접은 사람일 것이다.

만일 시간이 한참 지났는데도 당신을 외국인으로 보는 사람이 있다면, 그는 당신이 속한 집단의 고유한 특성을 알려는 생각이 아예 없는 사람일 것이다. 그저 자신과는 상관없는 집단이라는 사실 외에는 더 알 필요를 느끼지 못하는 사람이다. 반대로 "우리는 다 미국인이에요"라며 다가오는 사람이 있다면, 그는 유대인과 있을 때는 유대인이 되고 그리스인과 있을 때는 그리스인이 되라고 사도 바울이 성서에서 가르친 걸 잘못 이해한 사람이다. 그는 역사를 거슬러 올라가 자신의 뿌리를 찾는 과정을 통해 인간이 될 권리, 전통을 가질 권리가 우리 모두에게 있다는 것을 부정하는 사람이다. 그럼으로써 자신에게도 있는 그 권리를 부정하는 사람이다.

그런 잘못은 푸에르토리코 이민자를 선의로 대하는 많은 사람의 태도에도 깔려 있다. 아일랜드 이민자나 이탈리아 이민자에게 했던 대로 그들을 놔두라든지, 유대인이 시도했던 것을 따라해 보게 하라든지, 그들끼리 살 교구, 거주지, 정치조직을 만들어 완전한 '미국인'이 될 때까지 서서히 성장하게 놔둠으로써 그들 스스로 이웃의 미국인과 다름없는 훌륭한 미국인이라고 당당히 주장하게 만들라는 것이다. 이런 태도는 이민 물결이 끊이지 않고 밀려오는 게 당연시되는 뉴욕에서는 매우 흔하게 볼 수 있는 생각들이다. 그들은 나중에 푸에르토리코인의 이민 과정을 다룬 소설이 나온다면, 아일랜드 출신 정치인의 역경을 다룬 『최후의 만세』(*The Last Hurrah*)와 스타가 되려는 유대인 소녀의 꿈을 그린 『마조리 모닝스타』(*Marjorie Morningstar*)를 모방한 작품이거나 그 둘을 섞어놓은 이야기일 거라고 쉽게 단정할 것이다.

푸에르토리코 이민자 가정을 방문한 사회복지사가 아이에게 "우리 부모님도 너희 부모님처럼 어려운 고비를 넘겼어"라고 말한다고 해서, 그가 거짓말을 한다거나 외국인을 혐오한다고 말할 수는 없을 것이다. 그는 단지 이들을 제대로 이해하지 못한 것이다. 마치 할렘에서 이탈리아인을 대할 때 써먹은 방법을 또 써먹는 정치인과 비슷할 뿐이다.

유럽에서 온 사람들

한 세기 전 독일인들과 아일랜드인들이 밀려왔을 때 뉴욕사람들에게 그런 이민은 전에 겪어 보지 못한 형태의, 앞으로도 다시는 보지 못할 규모의 도전이었다. 1855년 50만이던 뉴욕 인구 가운데 3분의 1이 직전 10년 동안에 들어온 이민자였다. 그때와 비교하면 1955년을 기준으로 전체 인구의 15분의 1을 점하는 최근 푸에르토리코 이민자들(절대치로는 50만 명이 넘지만)은 비율로만 보면 큰 의미가 없어 보인다.

이민자가 발 디딜 틈 없이 밀려오던 시절에는 한차례 이민자들이 도착해서 정착하고 새로운 삶의 양식에 적응하고 나면 곧바로 새 이민자들이 들어왔다. 새로 온 이들은 모두 말도 달랐고, 예배 보는 교회도 달랐으며, 살던 지역의 기후도 제각각이었고, 연애 방식도, 먹는 음식도, 부르는 노래도 달랐다. 하지만 이들에게는 눈에 보이는 차이에도 불구하고 공통점이 많았다. 그들은 모두 구대륙에서 온 사람들이었다. 박해를 피해서 온 피난민이거나 새 땅을 일구러 온 개척자였다. 미국인이 되어 잘 살아보려고 온 사람들이다. 그들은 미국으로 들어오면서 랍비, 신부, 목사 등 자기들 성직자들도 데려왔다. 또한 지난 천 년간 자신을 대표해온 상징물도 가져왔다. 아일랜드인은 성패트릭 축제를, 이탈리아인은 마피아를, 벨기에인은 로레토 수녀회를 들여왔고, 독일인도 투른페라인(Turnverein)이라는 체육클럽을 들여왔다.

그들은 뉴욕의 특별구역에 정착해 몇 년 동안 그들끼리 지내면서 그들 모두에게 생소한 경험, 즉 다문화 사회의 삶에 뛰어드는 모험을 치러냈다. 이민자들은 하나같이 똑같은 경로를 거쳤다. 이제 그들은 자신들을 이곳 정착 계층의 일부로 여길 만큼 충분한 세월을 보냈다. 그리하여 새로 들어오는 집단 역시 자신들과 비슷할 거라고 지레 짐작하는 습관이 생긴 것도 놀라운 일은 아니다. 사실 2차 대전이 끝날 때까지는 그런 가정이 틀리지 않았다. 예외라면 동양인이나 흑인 정도가 있었을 뿐이다.

전혀 낯선 미국인

그러다가 갑자기 푸에르토리코인들이 한꺼번에 도착했다. 그때까지 뉴욕 시민은 그런 침입을 당해본 적이 없었다. 이번의 침입자들은 미국 국민이었고, 그것도 신대륙의 더 오래된 지역에서 온 사람들이었다. (사실 알고 보면, 뉴욕도 헨리 허드슨이 맨해튼을 발견하기 전에는 푸에르토리코의 수도인 산후안 교구에 속했다.) 또한 뉴욕사람들은 학교에서 영어를 외국어로 배우는 미국 태생 시민을 겪어본 적도 없었다.

이 낯선 미국인들은 수세기 동안 노예들의 피난처였던 가톨릭 국가에서 태어났다. 2백만이 넘는 그곳 인구 가운데는 백인이 압도적으로 많지만, 그렇다고 해서 피부색 차이 때문에 결혼을 못하거나 성공에 걸림돌이 되는 일은 없다. 하지만 뉴욕에 오자 그들은 '유색인'으로 분류되었다. 푸에르토리코인은 유전적 차이보다는 지금까지 들어온 이민자와는 뭔가 어렴풋이 다른 차이 때문에 유색인 취급을 받게 된 최초의 집단이다.

푸에르토리코 이민은 새로운 유형의 이민이었다. 그들은 고향을 아주 떠나 미국인이 되려고 애쓰는 유럽인이 아니라, 고향에서 추수가 끝나면 다음 농사철까지 뉴욕에 머물다가 일주일 치 보수로 저가 항공권을 사서 집으로 돌아가 휴가를 보내는 미국 시민들이다. 이들은 자신이 살던 나라에서 인종 문제나 종교 문제로 박해를 받아 떠나온 사람들이 아니라, 스페인 식민지의 '원주민'이거나 식민 통치를 하던 스페인 관료의 후손들이다. 그래서 목사, 정치가, 반란지도자, 교수 등 자기들이 배출한 지도자를 따르는 데도 익숙하지 않다. 그들은 400년 동안 처음에는 스페인, 다음에는 미국인 등 외국인이 통치하는 영토의 백성이었다가 최근에야 자치를 시작한 사람들이다.

푸에르토리코에서 새로 이주해온 사람들은 자기 의지에 따라 이웃으로부터 믿음을 받아들여 그리스도인이 된 사람들이 아니다. 그와는 반대로 스페인 제국의 전형적인 선교 사업의 결과로 신자가 된 사람들이다. 그들은 양친 모두 가톨릭을 믿는 가정에서 태어난 신자들이지만 외국인 신부에게 성사를 받았다. 원주민 신부를 육성하면 정치적 반역자가 나올까봐 정부가 두려워했기 때문이다.

심지어 그가 살다 온 지리적 환경도 이전 이민자와는 완전히 다르다. 그가 살던 섬에서 자연은 앞날을 준비해주는 친구와도 같다. 그곳에서 농사일은 곡식을 기르는 데 들이는 수고보다 수확하는 데 들이는 수고가 더 많다. 다만 몇 십 년마다 한 번씩 자연이 거세게 들고 일어나면 속수무책이 되는 곳이기는 하다.

허리케인이라도 닥치면 하느님의 보살핌을 바라는 것 외에는 할 수 있는 게 아무것도 없다.

아주 최근까지도 푸에르토리코에서는 비바람을 이기거나 더운 날씨를 견디려고 집을 짓는 사람은 아무도 없었다. 이 얼마나 폴란드인이나 시칠리아인과 다른가. 폴란드인과 시칠리아인은 모두 자연과 기후, 세월을 견디려고 집을 짓고, 자연으로부터 그들의 생활을 구분하려고 집을 짓는다. 러시아 스텝 지대에서 온 사람이 아니어도 겨울이 어떤 것인지 안다. 빈민가에서 온 사람이건 바닷가 올리브 숲에서 살다 온 사람이건 다 그러하다. 그들에게 집은 추위를 막고 그 안에서 가정을 꾸려가는 장소다. 폴란드인과 시칠리아인이 꽉 막힌 서민아파트에 정착하여 생활하는 게 상대적으로 쉬운 건 이 때문이다.

하지만 열대 지방에서 온 새 이민자들은 겨울을 모른다. 그가 살던 곳에서 집이란 '안'에서 잠을 자고, 그 '둘레'에서 가족과 함께 생활을 이어가는 오두막이다. 이 오두막은 일상 활동의 중심을 제공할 뿐 경계가 아니다. 서민 아파트에 갇혀 지내고, 난방을 하고, 창문에 유리를 끼우고, 문밖에서 살아갈 일 때문에 얼굴에 주름을 짓는 일 따위는 모두 푸에르토리코인의 전통 습관과는 반대되는 것들이다. 이런 삶의 자세가 기본이라는 걸 알고 놀라는 뉴욕사람이 있다면, 이들도 뉴욕사람들을 보고 놀라기는 마찬가지다.

1956년의 푸에르토리코는 예전의 푸에르토리코가 아니다. 여기저기 콘크리트 집이 솟아오르고 날마다 처음 보는 공장이 문을 연다. 푸에르토리코는 지역사회 조직의 최신 실험장이 되었다. 전 세계에서 가장 빠르게 문맹률이 감소하고 사망률이 떨어지는 지역이다. 상황이 이렇다고 해서 이곳 사람들의 전통적 세계관이 바뀌었거나 앞으로 바뀔 것이라고 단정할 수는 없다. 이 경제 발전은 무뇨스 마린(Múñoz Marín) 행정부가 들어서고 10년도 안 돼 이룬 결과지만, 이 섬의 과거를 싹 쓸려 간 것도 아니며, 수도 산후안이 뉴욕의 교외지역이 되지도 않을 것이다.

푸에르토리코인의 이민과 유럽인의 유입에는 근본적 차이가 있다. 실로 그 짧은 역사로 볼 때도 푸에르토리코는 미국보다 유럽에 더 생소한 곳이다. 이런 차이 때문에 뉴욕에 사는 푸에르토리코인의 특징적 행위가 눈에 띈다. 그리고 이런 차이에 대한 인식 부족 때문에 토박이 뉴욕사람들 쪽에서 많은 오해가 생겨나고 있다.

고향을 오가는 이민자

푸에르토리코인들 가운데 본토에 정착하겠다는 계획을 분명히 세우고 섬을 떠나는 사람은 거의 없다. 뉴욕에서 한몫 잡아 가게 하나를 차릴 만큼만 벌면 고향으로 돌아가겠다는 계획을 세우고 온다. 이렇게 한순간의 충동에 끌려 떠나온 사람들이 어떻게 뉴욕에 뿌리내릴 수 있겠는가? 푸에르토리코에서 만난 한 여인이 기억난다. 그녀는 남편이 사탕수수를 베러 낫을 들고 나갔다가 말도 없이 사라져 실의에 빠졌다. 남편이 딴 여자와 눈이 맞아 도망갔다고 생각할 수밖에 없었다. 그러다가 일주일쯤 지나자 시카고에서 돈을 보냈으니 우체국에서 찾아가라는 연락을 받는다. 사탕수수밭에 가던 남편이 직업 소개업자를 우연히 만나서는 뉴욕에서 운을 한번 시험해보겠다고 마음먹었던 것이다. 그것이 저녁 먹으러 집에 가는 걸 깜박한 이유다.

이 경우에서 보듯이 푸에르토리코인들은 머물러 살려는 생각 없이 결국은 '집'에서 출퇴근한다는 마음으로 뉴욕에 '들르곤' 한다. 이런 뜨내기가 뉴욕에 살려고 온 이전의 이민자만큼 지역 사회에 영향을 미칠 수 있을까? 하지만 푸에르토리코에서 들어오는 이민자 통계 곡선과 미국의 고용률 곡선 사이에는 정확한 상관관계가 나타난다. 미국에 일자리가 귀할 때는 섬으로 돌아가는 사람도 덩달아 늘어난다. 그들 중 많은 이들이 뉴욕에서 수년을 살고도 돈 때문에 어쩔 수 없이 발목이 잡혔다고 생각한다.

푸에르토리코인 말고도 중앙아메리카의 여러 나라에서 수십만 명이 오고 있다. (통계를 보면, 뉴욕의 히스패닉 계 미국인 가운데 4분의 1 이상이 푸에르토리코 이외 지역에서 온 사람들이다.) 이들이 들어오면서 도시에는 새로운 언어 외에도 새로운 생활양식이 보태졌다. 장거리 여행에 지치고 말이라고는 외국어 하나밖에 할 줄 몰랐던 이전의 이방인들 대신에, 이제는 비행기로 6시간도 안 걸리는 열대 섬에서 기본적인 영어는 다 할 줄 아는 미국 시민이 도착하고 있는 것이다.

과거의 이민자들은 자기들 민족끼리 모여서 한 군데에 정착했다. 하지만 대서양 연안을 오가는 이 통근자들은 뉴욕 전역에 퍼져 산다. 푸에르토리코인들이 대규모로 유입되기 시작한 지 10년이 지나자 뉴욕 어디를 가도 스페인어를 들을 수 있게 되었다. 유럽 이민자와 달리 푸에르토리코인들은 영어를 어느 정도 할 줄 안다. 이것이 큰 이유이긴 하지만, 이들 라틴아메리카 사람들이 뉴욕 전역에 흩어져 사는 데는 다른 원인도 있다. 예전에는 동네에 새로운 이민자 집단이 모여들면 그 동네는 얼마 지나지 않아 빈민가가 되곤 했다. 그리고 동네가 이렇게 한번 낙후하면 회복되기도 어려웠다. 2차 대전이 끝나고 푸에르토리코에서 대규모 이민이 유입된 이유로는 여러 가지가 있다. 예를 들어 저렴한 항공권, 군 복무 중 알게 된 미국의 지인, 새 정치 제도가 들어서면서 높아진 교육수준 등이 그것이다. 마지막 원인이자 가장 중요한 원인은 1900년대 이후 푸에르토리코 인구가 두 배로 늘면서 인구 압박이 커진 데 있다. 이와 함께 뉴욕에서는 때맞춰 대규모의 빈민가 철거 사업이 시작되었다. 맨 먼저 철거된 지역은 어김없이 가장 가난한 이민자들이 막 정착한 지역이었다. 결과적으로 푸에르토리코인들은 새로운 사업에 따라 아무 차별 없이 뉴욕 여기저기에 재정착할 수 있었다.

이렇게 흩어져 살고 섬을 왕래하며 사는 성향을 생각해보면, 뉴욕에서 늘 접하는 민족별 이민 구역이 푸에르토리코인들에게는 왜 없는지 이해가 간다. 그러다 보니 이들은 자신의 이해를 대변할 지도력을 스스로 키우기는 게 어려워졌다. 그들은 도시 구획 당 인구밀도도 너무 낮고, 한 동네에 오래 머물며 살 의지도 없으며, 자기들끼리 결속력도 약하다. 왜냐하면 그들은 모두 최소한 영어를 알아듣는 사람들이고, 문제가 생기면 '미 국적자 영사관'(Consulate for American Nationals) 같은 곳에 가서 언제든 도움을 청할 수 있고, 연방노동청(Commonwealth government labor office)의 공식적인 '보호'를 받을 수 있는 미국 시민이기 때문이다. 다른 이민자보다 지도력이 약한 또 하나의 이유는 의심할 것도 없이 수백 년 동안 식민 통치를 받아왔기 때문이다.

따라서 뉴욕의 푸에르토리코인들은 먼저 왔던 이민자 집단보다 자신의 이익을 대변하는 지도력을 형성하기가 어렵다. 물론 완전히 불가능하다고 보지는 않는다. 하지만 그런 상황 때문에 어떤 면에서는 과거 이민자보다 실질적으로 유리한 점이 하나 있다. 기존의 공동체에 더 적극적으로 참여할 수 있다는 것이다. 물론 그 때문에 불리한 점도 있다. 이미 자리 잡은 뉴욕 공동체에 모두들 그냥 참여하는 탓에, 자기 집단의 지도자가 되려는 사람으로서는 훨씬 힘든 상황을 이겨내야 하는 것이다.

만일 시민운동가가 과거 이민자와는 뚜렷이 다른 푸에르토리코 이민의 특징을 제대로 이해하지 못하면, 새로 만들어야 할 동화 방식을 지체시키거나 망쳐서 이들에게 심각한 피해를 입힐 수 있다. 가령 가톨릭교회의 지도자가 이런 점을 제대로 이해하지 못하면, 그들의 영혼을 심각하게 망칠 수도 있다.

열대 섬에서 온 가톨릭 신자들

현재 맨해튼과 사우스브롱크스에서 세례를 받는 가톨릭 신자들 가운데 3분의 1은 히스패닉 계 미국인들이다. 푸에르토리코인은 유럽의 가톨릭 신자들과 확연히 다른 전통을 가지고 아메리카 동부 해안에 들어온 최초의 가톨릭 집단이다. 푸에르토리코의 역사에서 400년이 넘는 동안 제국주의와 식민지 상황을 겪다 보니 이들은 자국인 성직자를 두기가 어려웠고, 그런 선교 조건에서 만들어진 특수한 제도들은 가톨릭 신자로서 푸에르토리코인의 행동 방식을 형성하는 데도 큰 영향을 미쳤다.

최근에는 도시화가 급속히 진행하는 추세지만 푸에르토리코인 대다수는 섬 내륙의 비탈진 언덕에 흩어져 산다. 그들은 바나나 나무와 화염목(火焰木)으로 둘러싸인 숲속의 작은 빈터에 오두막을 짓고 장엄한 풍경과 더불어 살지만, 일요일마다 미사에 참석하기에는 교회가 너무 멀리 떨어져 있다. 아주 오랫동안 그들은 신부가 마을 예배당을 방문하는 경우에만 성찬을 받았다. 하지만 그런 경우는 아주 드물었다. 사제가 거의 오지 않기 때문에 부모가 아이들에게 직접 세례를 주었다. 이런 상황에서 일요일 미사에 매번 참석하는 일은 필수적인 가톨릭 관례가 될 수 없었다. 대신에 열대 지방의 생활 습관과 식민지 봉건형 사회조직, 그리고 원주민, 아프리카, 유럽의 융합된 문화가 가톨릭 전통을 형성했다. 사제가 한 달 이내에 올 수 없을 때는 가톨릭 신자가 사제 없이 결혼을 해도 유효하다는 교회법 때문에 사람들은 결혼식에 사제가 있어야 한다는 필요성마저 잊고 말았다. 결국 이 교회법은 교회에서 결혼하는 빈도수를 줄이는 역효과를 가져왔고, 이런 관행은 오늘날에도 여전하다.

이런 '나쁜 관행'은 가톨릭 신자로서 믿음이 부족한 표시라기보다는 특수한 교회 역사의 결과로 보는 게 맞다. 미국의 가톨릭 신자는 민족 교구마다 다양한 관습을 가지고 있고, 또 다양한 인종마다 관습에 큰 차이가 있다는 것도 잘 안다. 그러다 보니 푸에르토리코인들이 '믿음'을 실천하는 '의식'을 잘 지키지 않는 걸 보고는, 그들과 배경은 다르지만 비슷한 행동을 보였던 이전의 이민자들과 같은 기준으로 평가하거나, 아니면 푸에르토리코인은 가톨릭 신자가 아니라고 단정해버릴지도 모른다.

하지만 푸에르토리코 섬의 공기를 한 번이라도 마셔 본 사람이면 그곳의 관습도 엄연히 가톨릭 민중 문화라는 사실을 부정할 수 없을 것이다.

그곳에서 아이들은 평생 첫영성체를 못 받을지는 모르지만 집을 나설 때는 부모님께 감사기도를 하는 걸 잊지 않는다. 어른들 역시 한 번도 교리문답을 배운 적이 없지만 마음을 다해 주님과 성모 마리아의 이름으로 기도하고, 집안에는 성화를 걸어놓으며, 집을 나설 때는 성호를 긋는다. 누군가 교회에서 결혼하기를 거부한다고 해서 그것을 신앙에 반하는 증거로 볼 수는 없다. 오히려 신앙을 보여주는 증거일 수도 있는 것이다. 교회가 규정하고 있는 결혼 절차에 영원히 자신을 구속하고 싶지 않은 것이다.

푸에르토리코에서 하느님의 집은 교회만이 아니라 광장까지 뻗어 있다. 예배 행렬이나 축제를 할 때 교회의 연장으로서 바깥 공간이 필요해서 그런 것이 아니다. 그보다는 교회가 너무 비좁아서 문이나 창문으로 교회 안을 들여다보며 미사에 참여하는 마을 사람이 많기 때문이다. 이 열대지방 사람들에게 '가족', '교회', '집'이 갖는 의미가 자신들과 다르다는 점을 이해하지 못하는 뉴욕사람은 옆집의 푸에르토리코 아이가 왜 집에 안 들어가고 문밖 계단에 앉아 기타를 치는지 이해할 수 없다. 또 아이들이 왜 미사가 진행되는 동안 천사와 잡담이라도 하듯 여기저기 성상을 만지며 돌아다니는지, 왜 미사가 끝나고 나서야 교회 안으로 들어가는지 이해할 수 없다. 아이들은 그냥 딱딱한 격식을 차리는 교회 수위가 무서운 것뿐이다.

지금까지 짚어본 것들 모두 푸에르토리코인이 살아온 배경을 존중하는 데 꼭 필요하다. 그들에게 필요한 건 도움이 아니라, 기존의 틀에 따른 범주로 그들을 가두지 않는 것이며, 그들을 더 깊이 이해하는 것이다. 그래야만 푸에르토리코인도 문화, 정치, 경제적으로 그들 나름의 공헌을 할 것이다. 푸에르토리코인은 여러 가지로 미국 사회에 공헌할 수 있다. 스페인 문화권의 기독교 전통, 인종 혼혈에 대한 기독교의 훌륭한 태도를 당연하게 받아들이는 가톨릭 정신, 열대 지방에 적응하면서 만든 소박하고 참신한 세계관, 미국 사회와 연합할 수 있는 새로운 형태의 정치적 자유, 경제 분야뿐 아니라 정치와 문화 영역에서 구대륙과 신대륙을 잇는 다리 역할 등이 있다. 그밖에도 푸에르토리코인이 집단으로 이민을 오면서 뉴욕과 미국에 기여하는 자산은 셀 수 없이 많다.

제4장

침묵의 문법

The Eloquence of Silence

5년간 뉴욕 거리에서 지내다 보니, 토박이 뉴욕사람들이 푸에르토리코인과 친해지게 만들 방법이 필요하다는 것을 깨달았다. 내 주변에 목사나 교사나 사회사업가나 모두 스페인 말을 쓰는 사람들 틈에 둘러싸여 있었다. 그들은 우선 말을 배워야 하지만, 그보다 더 중요한 건 외롭고 두려움에 떨며 체념에 빠진 사람의 분노에 가슴을 열고 귀를 기울이는 일이었다.

분명히, 언어를 배우는 것만으로는 충분하지 않았다. 단어와 문법으로 어설프게 문장을 만들 수 있는 사람은 그 말을 아예 못하는 사람보다 오히려 진의를 알아차리기 어려울 수 있다. 나는 푸에르토리코인들이 자신들을 '통합'할 목적으로 연구하는 미국 본토박이들에게 얼마나 지독한 거부감을 갖고 있는지 보았다. 그런 미국인에게는 스페인말로 대답하는 것조차 꺼렸다. 친절한 호의 뒤에 숨은 오만함, 때로는 경멸감을 느꼈기 때문이다. 뉴욕사람들이 '빈자의 영혼' 속으로 들어갈 수 있게 도와줄 프로그램이 필요했다.

1956년 나는 푸에르토리코 가톨릭대학교의 부총장이
되었다. 뉴욕 빈민가에서 스페인계 이민자를 위해 일할
인력을 교육할 기회를 얻은 것이다. 교육 과정은
스페인회화 집중과정과 현장실습, 푸에르토리코의 시와
역사, 노래, 사회 현실에 대한 학술연구 과정으로
구성되었다. 학생들 대부분이 개인적으로 큰 희생을
무릅쓰고 찾아왔다. 절반 이상이 신부였고 나이는 35세
미만이 많았다. 그들은 도시로 들어가 가난한 사람과
함께 살기로 결심한 사람들이었다.

당시 가톨릭 성직자들이 자신의 임무를 어떻게
생각했는지는 기억하기 어렵다. 그때는 아일랜드계
미국인 신부에게 교회에 한 번도 나오지 않는 스페인
사람들과 어울릴 수 있게 보좌신부 한 명을 보내달라고
설득하기도 어려운 시절이었다. 교회의 자원을 활용해
가난한 사람들 속에서 시간을 내어 일하고 싶은
보좌신부에게 스페인어는 매우 효율적인 도구였다.
스페인 말은 나면서부터 가톨릭 신자인 이들 가난한
사람이 주로 쓰는 말인데다가, 교회가 이들 신자들에
대해 어떤 상황에서도 공평하게 성직자를 가질 수 있게
해야 한다는 것 역시 거부할 수 없는 의무이기 때문이다.
7년 후 '빈곤과의 전쟁'이 시작되었을 때, 이 전쟁을
두드러지게 비판한 이들이나 반대 운동을 이끈 상당수가
이때 푸에르토리코에서 알고 지낸 사람들이었다.

당시에 나는 학생들과 함께 외국어를 배우는 의미를 깊이 탐구할 수 있었다. 사실 나는 성인에게 있어 외국어를 제대로 배우는 과정이야말로 타인의 선의에 기댈 수밖에 없는 빈자와 약자의 처지를 깊이 경험할 수 있는 몇 안 되는 기회라고 믿는다. 우리는 매일 저녁 모여서 한 시간 동안 침묵기도를 올렸는데, 시작하기 전 한 사람이 나와 묵상 주제를 제시하곤 했다. 다음은 그 가운데 하나를 참석자가 기록한 것이다.

•

언어학은 인간의 의사소통을 이해하는 데 새로운 지평을 열었습니다. 의미가 발신되는 방식을 객관적으로 연구하는 이 학문은 말보다는 침묵을 통해서, 혹은 침묵 속에서 더 많은 의미를 전달한다는 사실을 밝혀냈습니다. 단어와 문장은 소리보다 더 깊은 의미가 있는 침묵으로 이루어져 있습니다. 소리와 말들 사이사이에 들어있는 침묵의 순간들은 원자 속의 전자들처럼, 태양계 안의 행성들처럼 광활한 진공 속에서 빛을 내는 점입니다. 언어란 고대 페루의 결승문자가 매듭 사이의 간격을 통해 의미를 전달했듯이 침묵의 줄에 소리를 매듭지어 놓은 끈입니다. 공자도 언어가 바퀴와 같다고 했습니다. 바퀴살이 모여 수레바퀴를 만들지만, 실은 그 사이의 빈 공간이 바퀴를 만든다는 것입니다.

소리와 침묵

그러므로 어떤 사람을 이해하려면 우리는 그의 말뿐 아니라 그의 침묵도 알아들어야 합니다. 소리를 통해서만 의미가 전달되는 것이 아닙니다. 자신을 이해시키려고 말을 멈추는 순간에도 의미가 전달됩니다. 언어를 배우는 일은 소리보다 침묵을 배우는 일에 더 가깝습니다.

오직 그리스도인들만이 말씀이 영원한 침묵으로 존재한다는 것을 이해할 것입니다. 그러나 시간 속을 살아가는 사람들에게는 리듬이 곧 법칙이며, 그 법칙을 통해 우리의 대화는 침묵과 소리라는 음양(陰陽)을 이룹니다. 따라서 인간적이면서도 성숙한 태도로 언어를 배운다는 것은 그 언어의 소리와 침묵에 대한 책임을 받아들이는 것입니다. 우리에게 자신의 언어를 가르쳐 주는 사람은 소리의 체계보다는 침묵의 체계에 깃든 리듬과 양식, 오묘함을 선물로 주고 있는 것입니다. 이 선물은 마음으로 주는 선물이기도 합니다. 왜냐하면 이 선물을 받은 사람은 자신의 말을 믿고 맡긴 사람에게 책임을 다해야 하기 때문입니다. 말만 알고 그 사이에 있는 침묵을 알지 못하는 언어는 끝없이 상대에게 상처를 주는 원인입니다. 그것은 현실을 마치 음화사진처럼 그린 캐리커처일 뿐입니다.

한 민족의 침묵을 배우려면 소리를 배울 때보다 훨씬 많은 노력과 시간, 세심함이 필요합니다. 물론 이런 방면에 특별한 재능을 타고난 사람이 더러 있기는 합니다. 하지만 이렇게 어렵기 때문에 어떤 선교사는 숱한 노력을 해도 제대로 말할 수 없고, 침묵으로 섬세한 소통을 할 수 없나 봅니다. 그들이 아무리 '원주민의 억양으로' 말해도 수천 마일 벌어진 거리가 좁혀지지 않는 이유도 이 때문입니다. 침묵의 문법은 소리의 문법보다 훨씬 배우기 어려운 기술입니다.

말을 배우려면 원어민의 말을 경청하면서 수없이 따라 해야 하듯이, 침묵도 그 사람에게 다가가기 위해 조심스럽게 마음의 문을 열어야 배울 수 있습니다. 침묵에도 멈춤과 망설임이 있습니다. 리듬과 표정과 억양, 길이와 높이도 있습니다. 침묵해야 할 순간과 하지 말아야 할 순간도 있습니다. 말이 그렇듯이 인간 앞에서의 침묵과 하느님 앞에서의 침묵은 서로 닮아 있습니다. 그러므로 둘 가운데 하나의 의미를 온전히 깨우치려면 다른 하나를 몸에 익히고 심화해야 합니다.

최초의 침묵

침묵을 몇 가지로 나누어 보겠습니다. 첫째는 순수하게 듣는 이의 침묵입니다. 여성스럽고 소극적인 침묵입니다. 이 침묵은 타인을 '우리 안의 하나'로 받아들이겠다는 메시지이며, 깊은 관심을 나타내는 침묵입니다. 이 침묵은 또 다른 침묵, 즉 무관심의 침묵으로부터 위협을 받을 수 있습니다. 타인과 소통해봐야 얻을 것도 없고 얻고 싶은 것도 없다고 단정하는 냉담한 침묵입니다. 이것은 진심으로 말할 게 있어서 소소한 일들을 늘어놓는 남편의 말을 목석처럼 듣는 아내의 무심한 침묵과도 같습니다. 짐짓 다 안다는 태도로 복음서를 앞뒤로 뒤적이는 그리스도인의 침묵이기도 합니다. 그것은 돌멩이의 침묵입니다. 삶으로 이어지지 못해 죽어버린 침묵입니다. 이 침묵은 말하는 것보다 듣는 것으로 더 큰 사랑의 표시를 보여주는 이방인의 놀라운 능력을 전혀 이해하지 못하는 선교사의 침묵입니다. 침묵에 흐르는 리듬을 알고 있는 게 분명한 사람은 말을 할 줄 안다고 생각하는 사람보다 훨씬 가깝게 느껴지는 법입니다.

두 사람의 세계가 멀면 멀수록 관심의 침묵은 더 큰 사랑의 표시입니다. 미식축구에 대한 잡담을 듣는 건 대다수 미국사람에게 대수롭지 않은 일입니다. 하지만 미국 중서부 사람이 하이알라이[6]라는 낯선 게임 얘기를 경청하는 것은 사랑의 표시입니다. 시골 버스에 오른 도시 신부에게 어느 집 염소가 병에 걸렸다는 소식을 들려준다면 그것은 일종의 선물입니다. 오랜 시간 인내를 갖고 수행한 선교 활동의 진정한 결실입니다.

---

6 Jai alai. 스페인, 중남미 등지에서 즐기는 스쿼시 비슷한 실내 구기 운동.

기도하는 사람과 하느님 사이만큼 아득한 거리도 없습니다. 이 거리가 분명히 의식에 떠오를 때 비로소 묵묵히 순명하겠다는 감사의 침묵이 커나갈 수 있습니다. 이 침묵은 은총을 받기 전 마리아의 침묵입니다. 침묵을 통해 마리아는 말씀 앞에 자신을 연 사람의 영원한 본보기가 되었습니다. 마리아의 깊은 침묵을 통해 말씀은 육신을 얻었습니다. 이처럼 고요히 귀를 기울이는 기도를 통해서만 그리스도인은 이방의 문화 속에서도 말씀을 태어나게 하는 침묵의 습관을 얻을 수 있습니다. 침묵 속에서 이해한 말씀은 또한 침묵 속에서 자라납니다.

공명하는 침묵

침묵의 문법에서 두 번째로 중요한 종류는 마리아가 하느님의 말씀을 받아들인 후 보여준 침묵입니다. 이 침묵은 우리가 흔히 알고 있듯이 **순명**[7]을 의미한다기보다는 하느님에 대한 **찬미**[8]를 의미합니다. 그것은 말씀 앞에서 자신을 드러내는 침묵이라기보다는 이미 받아들인 말씀을 더 자라나게 하는 침묵입니다. 우리를 본연의 자신에게 더 가깝게 다가가도록 하여 다른 사람을 위해 말씀을 준비하도록 하는 침묵입니다. 그것은 공명

---

7 Fiat. '당신 뜻대로 이루소서'의 뜻으로, 주의 명령에 대한 마리아의 순종을 의미.
8 Magnificat. '내 영혼이 주를 찬양하며'의 뜻으로, 마리아가 주에게 바치는 찬미가.

(syntony), 곧 마음을 울리는 침묵입니다. 이 침묵 속에서 우리는 하느님의 말씀이 세상에 태어날 적당한 때를 기다립니다.

이 침묵 역시 위협을 받곤 합니다. 성급한 마음과 갖가지 신성모독적인 행위로부터 위협받을 뿐만 아니라, 습관적으로 늘 어놓는 미사여구와 쉴 새 없이 쏟아내는 말들로부터 위협받습니다. 이 말도 좋고 저 말도 좋으니 깊이 숙고할 것 없다는 싸구려 침묵으로부터 위협을 받습니다.

사전에 쓰여 있는 대로 단어를 말하는 선교사나 외국인으로서는 이 침묵을 알 수가 없습니다. 그런 사람은 스페인어로 말하고 싶을 때 상대방과 공명하는 말을 찾기보다는 머릿속에서 영어 단어를 우선 찾은 다음 거기 해당하는 스페인어를 찾는 사람입니다. 그는 자신의 언어나 문화, 배경에 해당하는 말이 없을 경우 어떻게든 상대가 이해할 만한 단어나 제스처, 침묵을 찾아보려 하지도 않습니다. 그는 새로운 언어의 씨앗이 자기 영혼이라는 낯선 토양에서 자라날 시간조차 기다리지 않는 사람입니다.

이 침묵은 말에 **앞서**(before) 있거나 말하는 **사이에**(between) 있는 침묵입니다. 말은 바로 이 침묵 안에서 거하기도 하고 사라지기도 합니다. 그것은 머뭇머뭇 느리게 기도하는 사람의 침묵이며, 그런 기도를 통해 말은 침묵의 바다에서 헤엄쳐나갈 용기를 얻습니다. 말에 앞서 있는 침묵 가운데는 정반대의 형태를 띤 것도 있습니다. 그것은 더 이상 말이 떠오르지 않는 것을 애도하는 데 바치는 조화(造花) 같은 침묵이거나, 같은 말을 끝없이 반복하다 잠깐 멈춘 틈에 있는 침묵입니다. 이 침묵은 상대방의 살아있는 말을 꿰뚫어보려는 노력은 하지도 않고, 미리 외워놓은 진부한 말이 떠오르길 기다리는 선교사의 침묵입니다.

말에 앞서 있는 침묵의 또 다른 반대편에는 침묵이라 부르기도 어려울 정도로 공격성을 품은 침묵도 있습니다. 이 침묵 역시 다음 말을 준비하기 위해 잠깐 쉬는 틈에 있지만, 이로부터 나온 말은 서로 함께하기보다는 편을 가르는 데 쓰입니다. 그것은 자기가 하려는 말이 스페인어에 없다는 생각에 붙들려 있는 선교사가 빠지곤 하는 침묵입니다. 이런 침묵은 비록 잘 보이지는 않지만, 하나의 말에 이어 또 다른 말의 공격을 준비할 때의 침묵입니다.

거부하는 침묵

침묵의 문법에서 다음으로 중요한 침묵은 말을 **넘어선**(beyond) 침묵이라 하겠습니다. 침묵의 종류를 더 분류하면 할수록 우리는 좋은 침묵과 나쁜 침묵의 거리가 벌어지는 것을 알 수 있습니다. 이제 우리는 더 이상 새삼스럽게 말을 할 필요가 없는 침묵에 도달했습니다. 할 말이 더는 없으므로 모든 걸 말해버린 침묵입니다. 그것은 마지막 '예'와 마지막 '아니요'조차 넘어서

버린 침묵입니다. 그것은 말을 넘어선 사랑의 침묵인 동시에 영원한 부정의 침묵입니다. 천국의 침묵이거나 지옥의 침묵인 것입니다. 그것은 침묵으로 나타난 하느님 말씀을 마주해본 사람만이 가질 수 있는 확고한 태도이거나, 아니면 하느님으로부터 완고하게 등을 돌린 사람의 침묵입니다.

지옥이란 바로 이런 침묵, 죽음 같은 침묵입니다. 이 침묵에 들어있는 죽음은 삶에 무심한 돌멩이의 무감각과는 다르며, 삶의 기억을 가진 채 시든 꽃잎의 무감각과도 다릅니다. 이 죽음은 삶이 지나간 후의 죽음이며, 삶에 대한 최후의 거부입니다. 물론 이 침묵 속에도 소음과 소란과 수많은 말이 있을 수 있습니다. 하지만 이 침묵이 만들어내는 소음과 그 소음들 사이에 공백에는 공통적으로 단 하나의 의미가 있을 뿐입니다. 그것은 바로 '아니요'입니다.

이런 지옥의 침묵에는 선교사의 존재 의미를 위협하는 뭔가가 있습니다. 자신과 다른 세상에 하느님 말씀을 전할 책임을 진 사람에게는, 침묵을 통해 말씀을 증언할 특별한 능력과 함께 침묵을 통해 파괴할 능력 역시 열려 있습니다. 그렇기 때문에 선교사의 침묵은 더욱 위험한 것입니다. 이 지구 위에 지옥을 만들 위험을 안고 있는 것입니다.

하지만 궁극적으로 볼 때 선교사의 침묵은 하나의 선물입니다. 그는 지극히 먼 곳의 낯선 이들이 드리는 기도에서 이 선물을 배우며, 고향의 누구보다 더 멀고 낯선 그들을 사랑하는 데서 이 선물을 경험합니다. 하지만 그는 자신의 침묵이 본질적으로 대가 없이 받은 선물이며, 자기들의 언어를 기꺼이 가르쳐주려는 사람들이 그에게 쥐어준 선물임을 망각하는 수가 있습니다. 만일 선교사가 이 점을 잊고서 그들만이 줄 수 있는 이 능력을 자신의 능력으로 누르려고 한다면, 그의 존재 의미는 위협받기 시작할 것입니다.

옷을 사듯이 언어를 구입하려는 사람, '원주민보다 더 능숙하게' 말하겠다며 문법으로 언어를 정복하려는 사람, 하느님의 침묵과 사람의 침묵 사이의 유사성을 잊고 기도로써 그 침묵을 키우려 하지 않는 사람, 이런 사람은 그를 맞이한 곳의 문화를 바탕에서부터 능욕하려는 사람입니다. 그는 거기에 따르는 결과를 각오해야 합니다. 어쨌든 그도 인간이라면 자신이 영혼의 감옥에 갇혔다는 걸 느낄 것입니다. 하지만 자기 둘레에 담을 친 것이 자신임을 인정하지 않고 오히려 다른 사람들이 자신을 가두었다고 비난할 겁니다. 그럼으로써 자신과 그가 파견된 곳 사람들 사이에 세워진 벽을 더욱 견고하게 할 것입니다. 자신을 '선교사'로 여기는 한 그는 스스로 좌절을 맛볼 것입니다. 어딘가로 파견되었지만 아무 곳에도 가지 못했고, 고향을 떠났지만 어디에도 이르지 못했으며, 자신의 집을 나섰지만 누구의 집에도 들어가지 못했다는 것을 알게 될 것입니다.

그는 설교를 계속하지만, 설교를 하면 할수록 아무도 그를 이해하지 못한다는 사실을 확연히 깨달을 것입니다. 그가 이해받지 못하는 까닭은 자기 혼자 생각한 것을 말하고, 자기 나라 언어를 외국 말로 시늉하듯 말하기 때문입니다. 그는 계속 "사람들을 위해 일한다"고 하면서도 그 사람들을 배은망덕하다고 여길 것입니다. 하지만 사람들은 그가 이 일을 하는 것이 자신의 자아를 내세우기 위해서라는 걸 잘 압니다. 그가 하는 말은 언어를 흉내 내고 있을 뿐, 사실은 죽음과 같은 침묵을 표현하고 있기 때문입니다.

이 시점에서 필요한 것은 끈기 있게 귀 기울이는 관심의 침묵, 말을 키워낼 수 있는 사려 깊은 침묵으로 돌아가려는 용기입니다. 듣는 귀가 없기 때문에 말하는 입도 트이지 않는 것입니다. 또한 늦은 나이에 다시 언어를 배워야 하는 게 어렵답고 두려워하다 보면, 절망하는 습관까지 생겨납니다. 결국 선교사들이 전형적으로 빠지곤 하는 지옥의 침묵은 그의 마음이 만든 것입니다.

사랑의 침묵

절망의 반대편에는 사랑의 침묵, 사랑하는 이의 손을 조용히 잡아주는 침묵이 있습니다. 이러한 침묵의 기도 속에서 말하기 전에 감돌던 모호함은 말을 하고 난 후의 순수한 공백으로 바뀝니다. 이 침묵은 영혼의 깊이를 열어주는 의사소통이기도 합니다. 그것은 섬광처럼 왔지만, 사람들과 기도로 이어지는 한 일생토록 지속될 수도 있습니다. 아마도 이것이야말로 진정으로 보편에 도달한 언어가 가진 유일한 특징이며, 바벨의 저주로도 막을 수 없는 유일한 의사소통 수단일 겁니다. 그리고 아마도 이런 침묵의 언어만이 타인과 함께할 수 있는 유일한 길이며, 더이상 외국 말씨를 쓰지 않고 하느님 말씀과 함께할 수 있는 유일한 방법일 겁니다.

말을 넘어선 침묵이 하나 더 있습니다. 바로 '피에타'[9]의 침묵입니다. 이것은 죽음의 침묵이 아니라 죽음의 신비의 침묵입니다. 이것은 신의 의지를 기꺼이 받아들임으로써 순명(Fiat)을 낳은 침묵도 아니며, 겟세마네의 정신[10]을 용기 있게 받아들임으로써 순종의 기원이 된 침묵도 아닙니다. 선교사인 여러분이 이스페인어 과정에서 배워야 할 침묵은 의혹이나 의문을 뛰어넘는 침묵입니다. 물음에 답하거나 그 답을 위해 단어를 찾아볼 필요조차 뛰어넘는 침묵입니다. 그것은 지옥과 같은 침묵의 세상에 주님을 내려오게 한 신비로운 침묵이며, 유다에게는 쓸모

---

9 Pieta. 죽은 아들을 무릎에 뉘인 성모 마리아의 슬픔과 경건함을 가리키는 말.
10 예수가 체포되던 날 밤, 닥쳐올 고난을 알면서도 겟세마네 동산에서 '아버지 원대로 하소서'라고 기도한 것을 말함.

없고 부질없던 그 삶을 좌절하지 않고 받아들이게 한 침묵이며, 자신의 의지로 스스로를 무력하게 만듦으로써 세상을 구원한 침묵입니다. 세상을 구원하기 위해 태어난 마리아의 아들은 그의 백성의 손에 죽었고, 그의 친구 손으로 버려졌으며, 그가 사랑하면서도 구원은 할 수 없었던 유다에게 배신당했습니다. 자신의 친구 한 명을 구원하는 데도 아무 도움이 되지 못한 신의 육화, 그것이 보여주는 절정의 모순을 조용히 묵상해봅시다. 죽음의 신비에 깃든 이 궁극의 침묵에 영혼을 열 때, 지금까지 말씀드린 선교사의 세 가지 침묵—순수하게 듣는 침묵, 공명하는 침묵, 사랑의 침묵—은 느린 성숙을 끝내고 절정에 다다를 것입니다.

제5장

부도덕한 자선

The Seamy Side of Charity

1960년 교황 요한 23세는 미국과 캐나다의 고위 성직자 모두에게 앞으로 10년 안에 그들 관할 하에 있는 사제와 수녀의 10퍼센트를 라틴아메리카에 파견하라고 명했다. 대부분의 미국 가톨릭인들은 교황의 이 요구를 북아메리카 모델에 맞춰 라틴아메리카 교회를 현대화할 수 있게 도우라는 말로 받아들였다. 전 세계 가톨릭 인구의 절반이 사는 대륙을 '카스트로 공산주의'로부터 구하라는 것이었다.

나는 이 지시를 실행하는 것에 반대했다. 파견될 사람들이나 그들을 맞이할 사람들이나 본국의 후원자들 모두 심각한 피해를 입으리라고 확신했기 때문이다. 나는 푸에르토리코에 있는 동안 이처럼 외국에서 벌이는 '빈민을 위한' 필생의 과업 때문에 오히려 삶이 위축되고 완전히 회복불능이 된 사람들을 적지 않게 보아왔다. 미국식 생활수준과 기대치를 그대로 이식하면 오히려 그곳에 필요한 혁명적 변화만 지연될 뿐이며, 자본주의나 다른 이념을 위해 복음을 이용하는 일도 결코 옳지 않은 일이다. 결국 내가 깨달은 건, 미국에 라틴아메리카의 모든 면을 제대로 알릴 수 있는 정보가 절실한데도 선교사들이 그런 정보를 수집하는 데 방해만 된다는 점이었다. 선교사들이 하나같이 이상한 소식만 보내오기 때문이다. 따라서 이런 십자군운동은 중지되어야만 한다.

나는 페오도라 스탄시오프 자매와 제리 모리스 수사, 이 두 동료와 함께 멕시코 쿠에르나바카에 교육센터를 세웠다.(이곳을 고른 건 기후, 위치, 교통을 고려해서다.) 개소식에서 우리가 이루려는 두 가지 목표를 발표했다. 첫째는 교황의 지시로 생길 피해를 줄이는 데 기여하겠다는 것이었다. 선교사 대상 교육프로그램을 열어서 라틴아메리카의 실제 현실과 그들 자신의 문제를 똑바로 보게 할 생각이었다. 그래서 파견을 거부하게 하거나, 설사 파견을 가더라도 조금이나마 준비를 하고 떠나게 할 생각이었다. 둘째로는, 충분한 영향력을 모아 선교 후원기관의 의사결정권자들에게 이 계획의 실행을 단념토록 할 생각이었다.

1960년대 내내 남아메리카에 파견될 해외전문가를 집중 양성하면서 경험과 명성을 쌓은 덕분에, 그리고 이런 교육에 특화된 기관으로는 우리가 유일했기 때문에 교육센터에는 학생들이 끊이지 않고 찾아왔다. 우리가 불온한 목표를 가지고 있다고 이미 밝혔는데도 말이다.

1966년까지 미국과 캐나다에서 남아메리카로 간
성직자 수는 1960년에 교황이 지시한 10퍼센트는커녕
0.7퍼센트에 머물렀을 뿐이다. 미국 교회의 지각 있는
사람은 이 계획이 전반적으로 과연 타당한지 심각한
의문을 품었다. 하지만 주교들이나 현지 사정을 잘
모르는 가톨릭신자 대부분은 라틴아메리카에서
들려오는 비통한 얘기나 워싱턴이 지휘하는 대대적인
여론전만 듣고서 여전히 '라틴아메리카를 구원하라'는
운동에 열중했다.

이런 상황에 맞서려면 대중적이면서 격렬한 논쟁을
불러일으켜야 했고, 나는 이 목적을 위해 이 글을 미국의
예수회 잡지 『아메리카』 1967년 1월호에 기고했다. 이
게재 시점도 세심하게 고려한 것이었는데, 그해 1월 말에
미국과 라틴아메리카의 가톨릭, 개신교 성직자 3천 명이
보스턴에 모여 이 운동을 다시 되살릴 예정이라는 것을
알았기 때문이다. 또한 진보 월간지 『램파츠』(Ramparts)
에서 CIA가 라틴아메리카 학생운동을 지원했다는 폭로
기사를 실으려 한다는 것도 알고 있었기 때문이다.

•

5년 전 미국 가톨릭은 라틴아메리카 교회를 발전시킨다는 명
목으로 특수한 동맹을 결성했다. 1970년까지 사제, 수사, 수녀

22만 5천 명 가운데 지원자 10퍼센트를 뽑아 대륙 남쪽으로 보낸다는 계획이었다. 하지만 이후 5년 동안 남아메리카에서 미국인 성직자는 남녀 통틀어 1,622명이 늘었을 뿐이다. 이 계획에 착수한 지 절반이 지났으니 이대로 추진해도 될지 결정하기에 좋은 시점이다. 더 중요한 것은 애초의 목적이 여전히 가치가 있는지 돌아보는 일이다. 수치로만 보면 이 계획은 분명히 실패했다. 이 사실에 낙담해야 할까, 아니면 다행으로 여겨야 할까?

무분별한 계획

이 프로젝트는 무비판적인 상상력과 감상적인 판단이 일으킨 충동에 기대어 진행되었다. 손가락으로 가리키며 '2만 명을 모집하자'고 호소하자 많은 사람들이 "라틴아메리카가 당신을 필요로 합니다"라는 말을 믿어 의심치 않았다. 하지만 이 사업을 왜 하는지 명확히 말해주는 사람은 아무도 없었다. 맨 처음 출간된 선전 책자에 '공산주의 위협' 때문이라는 말이 4쪽에 걸쳐 여러 차례 언급되었을 뿐이다. 미국 가톨릭사회복지회 라틴아메리카 지부는 이 프로그램의 명칭, 지원자, 그리고 모집을 호소하는 문구마다 '교황'을 갖다 붙였다.

최근에는 추가로 자금을 걷자는 캠페인이 논의되고 있다. 따라서 지금이야말로 왜 2만 명을 모집하고 수백만 달러의 돈을 걷어야 하는지 다시 검토할 때다. 인원과 자금 문제는 주교부터 과부 상속인에 이르기까지 미국 가톨릭인 모두가 참여하는 공적 토론에 부쳐야 한다. 그들 모두 인력 공급과 자금 지원을 요청받는 사람들이기 때문이다. 냉철한 판단이 퍼져나가야 한다. 인력과 자금을 더 모으겠다고 화려하고 원색적인 캠페인으로 감정에 호소한다면 문제의 실상만 더 가려질 것이다. 지금은 이른바 '교황' 자선봉사단, 학생 '선교십자군', 대규모의 연례적인 남북아메리카 가톨릭 협력프로그램, 수많은 교구별 선교활동과 신생 종교단체를 우후죽순 만들어내는 미국 교계의 자선 열풍을 냉정하게 들여다 볼 때다.

나는 이런 세부적인 것들 하나하나에 초점을 맞추고 싶지는 않다. 세부사항들을 계속 연구하고 수정하는 일은 프로그램에서 이미 하고 있기 때문이다. 그보다는 라틴아메리카를 서구 이데올로기에 묶어두려는 다각적 노력 중 하나인 이른바 '교황의 계획'이 근본적으로 의미하는 바를 감히 지적하려고 한다. 미국의 교계 지도자들은 그들이 선의로 베푸는 선교 사업이 가져올 사회적 결과를 직시해야 한다. 신학자로서의 자신들의 소명을 돌이켜 보고, 자신들의 활동이 서구 정치인들의 행태와 비슷하지는 않은지 되돌아볼 필요가 있다.

선교 동기로 자금과 인력을 보내는 일은, 낯선 기독교 이미지와 낯선 설교 방식, 낯선 정치 메시지까지 함께 실어 나르는 일이기도 하다. 또한 1950년대 북아메리카 자본주의의 표식까지 함께 실어 나름은 물론이다. 그런데 왜 우리는 한 번도 자선의 부도덕한 측면을 생각하지 않는가? 외국의 지원으로 인해 남아메리카 교회가 어쩔 수 없이 짊어지게 될 짐은 생각지 않는가? 우리의 알량한 '희생' 때문에 생길 타인의 쓰라린 상처는 보려 하지 않는가? 만일 미국 가톨릭인이 '10퍼센트 파견'이라는 환상에서 눈을 돌려 자신들이 베푸는 지원에 어떤 의미가 있는지 정직하게 숙고해본다면, 거기에 내포된 잘못을 깨닫고 좀 더 사려 깊고 의미 있는 베풂의 길로 나아갈 수 있을 것이다.

하지만 좀 더 정확하게 들여다보자. 베푸는 사람이 응당 누리는 기쁨과 받는 사람이 겪을 결과는 전혀 다른 두 개의 장(章)으로 분리해 다루어야 마땅하다. 나는 후자 곧 외국의 자금과 인력과 이념이 남아메리카 교회에 일으킬 부정적 결과만 설명하려고 한다. 앞으로 미국이 추진하는 프로그램이 이에 맞춰 조정되기를 희망하기 때문이다.

무엇을 하려는 돈인가?

지난 5년 동안 라틴아메리카에서 교회 운영에 드는 비용은 크게 늘었다. 대륙 전체를 두고 볼 때 교회 유지비가 이 정도 비율로 증가한 일은 전례가 없다. 게다가 요즘에는 가톨릭 대학이

나 선교 기관, 방송통신교육망 하나를 운영하려 해도 10년 전
한 나라 전체의 교회를 운영하는 것보다 비용이 더 들어간다.
이런 비용 증가에 필요한 자금 대부분이 해외에서 흘러 들어오
는데, 그 출처는 두 군데다. 첫째는 교회에서 직접 들어오는 것
으로, 그 방식은 다음 세 가지이다.

1. 신자들의 후원에 호소하여 한 푼씩 모금하는 방식이다. 독
일이나 벨기에 · 네덜란드 · 룩셈부르크 등 유럽 국가들에서
아드브니아(Adveniat), 미제레오르(Misereor), 오스트프리스터
르휠프(Oostpriesterhulp) 같은 종교단체가 벌이는 방식이다.
이런 기부금은 1년에 2,500만 달러를 상회한다.

2. 쿠싱 추기경[11]처럼 유명한 명망가나 미국 가톨릭사회복지
회 같은 단체에서 대규모로 모금하는 기부금이다. 이들 단체
는 미국 본부에서 라틴아메리카 지부로 100만 달러를 송금
하고 있다.

3. 사제, 수도자, 평신도를 파견하면서 자금을 지원하는 방식
이다. 이들은 훈련하는 데도 상당한 비용이 들지만, 사도 임

---

11 Richard Cushing. 1950~60년대 보스턴 교구장을 맡았던 추기경. 타종교와 협력하
여 활발한 자선활동을 펼쳤으며, 케네디 가의 고문 사제이기도 했다.

무를 수행하는 데도 재정 지원을 하는 경우가 많다.

이렇게 모인 해외 기부금은 라틴아메리카를 구미식 문화와 정책의 위성국가로 유도하는 데 쓰였다. 선교 인력이 늘면서 지속적으로 자금을 대줄 필요성이 높아졌고, 라틴아메리카는 이들 사도들의 복지를 위한 섬이 되어 시간이 갈수록 지역에서 감당할 수 있는 수준을 훌쩍 넘어섰다. 라틴아메리카 교회는 이렇게 과거 정복자들이 짓밟던 시대로 되돌아감으로써 다시 꽃피고 있는 셈이다. 식민 시대의 작물이 이방인들의 재배로 되살아나고 있다. 주교들은 돈을 덜 들이고 기관을 지탱해나가거나 그조차 어려우면 잠시 가게 문을 닫는 법은 배우지 않고, 여전히 더 많은 돈을 들여서 향후 전망이 전혀 없는 기관만 물려주고 마는 덫에 걸렸다. 장기적인 회수가 가능한 투자인 교육마저도 주로 기성 제도를 유지할 관료를 양성하는 일로 여기고 있다.

최근에 나는 학위를 따오라고 유럽에 유학 보낸 라틴아메리카 성직자 대부분에게서 그런 사례를 보았다. 교회를 세상과 연결하겠다면서 그들 중 열에 아홉이 교리문답, 목회학, 교회법 같은 교수법을 배우고 있었다. 이렇게 공부해서는 원래 하려고 했던 교회와 세상에 대한 그 어느 쪽 지식도 늘릴 수 없다. 그들 가운데 소수만이 역사적이고 근원적인 측면에서 교회를 연구하거나, 있는 그대로 세상을 배우고 있었다.

큰돈을 써서 밀림에 교회를 짓거나 변두리에 고등학교를 세우고, 이 공장들의 관리자를 선교사로 채우기는 쉬운 일이다. 누가 봐도 생뚱맞은 선교기관들을 억지로 만들어 놓고 그것을 유지하느라 돈을 쏟아 부으면서도, 참신하고도 활기찬 시도를 하는 기초연구는 쓸데없는 사치로 치부하는 실정이다. 비기독교적 인문학 연구를 위한 장학기금, 창의적 목회 실험을 위한 기초자금, 특정 목적의 건설적 비판을 위한 문서작업과 조사에 들이는 비용, 이것들 모두가 지금의 일시적인 교회 조직과 성직자 집단 및 '좋은 비즈니스' 방식을 위협하는 결정적 요소이기 때문이다.

권력이 된 교회

기부금을 교회 관심사에만 쓰는 것보다 더 놀라운 것은 그 자금이 나오는 출처다. 10년 전만 해도 교회는, 수입이 줄었음에도 제국의 전통에 따라 자선행위를 계속하려고 애쓰는 가난한 귀부인 같았다. 스페인이 라틴아메리카를 잃은 뒤 한 세기가 지나는 동안, 교회에 주는 정부 지원금과 후원자 기부는 꾸준히 줄었다. 게다가 과거 교회 소유지에서 나오던 수입마저 끊겨버렸다. 식민 시대의 자선 방식으로는 더 이상 가난한 이들을 도울 힘을 가질 수 없게 된 것이다. 마침내 교회는 역사적 유물처럼 취급되어 보수 정치인의 들러리 역할밖에 할 수 없게 되었다.

하지만 1966년까지만 해도 겉으로는 상황이 정반대로 보였다. 교회는 사회 변화를 꾀하려는 계획들의 믿음직한 수임자였고, 헌신을 다해 어느 정도 성과를 거두기도 했다. 하지만 진정한 변화의 물결이 위협을 해오자 교회는 들불처럼 번지는 사회적 각성을 돕기는커녕 오히려 막아서고 있다. 브라질에서 고위 성직자에 의해 방송통신학교 설립이 흐지부지된 것은 그 대표적 사례다.

따라서 교회 규정은 기부자들에게 그들의 돈이 성직자의 손에 들어가면 두 배의 몫을 한다고 확신시키려 한다. 물론 교회는 돈을 헛되이 쓰지도 않지만, 애초에 기부한 목적대로 쓰지도 않는다. 민간 기업을 선전하는 데 쓰거나, 부자들이 선택한 생활방식을 가난한 이들에게 주입하는 데 쓰기도 한다. 돈을 받는 사람들은 불가피하게 돈에 들어 있는 메시지도 함께 받는다. 우리 성당 신부님은 굴지의 화학회사 그레이스, 에쏘오일, 진보를 위한 동맹, 자유주의 정부, 미국노동총연맹(AFL-CIO) 등 서구의 신전에서 모시는 모든 신성한 것들 편이신 것이다.

교회가 가난한 이들을 위한 기금을 확보할 능력이 있기 때문에 사회 개선에 과감히 뛰어든 것인지, 아니면 카스트로 공산주의를 막는 신뢰할 만한 기관임을 입증하기 위해 기금을 모으는 것인지는 의견이 엇갈린다. 그러나 교회가 이런 식의 진보를 지지하는 '공식' 기관이 됨에 따라, 어떤 기관의 손길도 닿지 않는 곳에서 그 수가 점점 불어나는 대다수 약자는 더 이상 그들의 대변자를 갖지 못하게 되었다. 교회가 가난한 이들을 돕는 권력을 쥐면, 카밀로 토레스 신부처럼 그런 권력의 포기를 상징하는 인물을 비난할 수밖에 없다. 돈은 이런 식으로 교회를 실행 도구가 아니라 양떼를 다스리는 사목(司牧) 조직으로 만듦으로써 하나의 정치권력이 되게 한다.

이런 문제를 피상적이고 감상적으로 접근하면 미국의 국제 원조가 무엇을 의미하는지 이성적으로 판단하기 어렵다. 베트남을 '돕는다'는 말도 안 되는 동기로 부추긴 열정이 사람들의 건강한 죄책감을 억누르고 있는 것처럼 말이다. 결국 우리 세대는 이런 애국적 '충성'의 수사학으로 절단이 나기 시작했다. 이제야 우리는 이러한 힘의 정치에 숨은 도착증을 어렴풋이나마 깨닫는 중이며, 미국식 생활양식을 세계 모든 이에게 일방적으로 강요하려는 일이 어떤 파괴적 방향으로 나아갈지도 차츰 알아가는 중이다. 하지만 이런 일에 연루된 성직자 군단의 추잡한 이면은 아직 직시하지 못하고 있다. 존슨 대통령이 주창한 '위대한 사회'(Great Society) 따위의 구호로는 혁명적으로 일어나는 대중의 각성을 결코 막을 수 없음에도, 이런 각성을 억누르는 일에 교회가 공모하고 있다는 사실도 직시하지 못한다.

내가 아는 한 라틴아메리카에 체류하는 신부나 수녀 중에 누군가의 삶을 조금도 나아지지 못하게 할 만큼 일을 못하는 사람은 아무도 없다. 또한 자신을 통해 라틴아메리카가 유럽과 미국에 작은 기여도 할 수 없을 만큼 무능하게 일하는 사람도 없다. 그러나 우리가 아무리 그들의 헌신성을 칭찬하거나 친구관계가 적대관계로 될까봐 걱정하더라도, 다음의 사실을 직시하기를 멈추어서는 안 된다. 라틴아메리카로 파견된 선교사는 (1) 그러잖아도 이질적인 교회를 더 낯설게 만들 수 있고, (2) 지금도 인력과잉인 교회를 성직자로 넘쳐나게 할 수 있으며, (3) 본국의 주교들을 비굴한 구걸자들로 전락시킬 수 있다. 그간 베트남 문제에서 만장일치를 보였던 국민적 합의는 최근의 여론 분열로 와해된 상태이다. 이 기회에 나는 사람들이 '공식적인' 교회 원조 프로그램에 담긴 억압적이고 부패한 요소를 깨닫고 진정한 죄책감을 느끼기를 바란다. 그것은 라틴아메리카를 복음화하는 과업에 젊은 남녀들의 삶을 헛되이 낭비하고 있다는 죄책감이다.

외국에서 온 신부님

성직자를 대량으로 무분별하게 수입하면, 식민지에서 교회 관료주의가 뿌리 내리는 일만 돕는 격이 된다. 성직자에게 더욱 이국적이고 편안한 식민지를 만드는 것이다. 이러한 성직자 수입으로 인해 스페인 식민지 시절 만들어진 하느님의 대농장(이곳에서 민중은 불법거주자일 뿐이다)은 교리문답과 전례와 기타 은 총의 도구를 잔뜩 쌓아놓은 주님의 슈퍼마켓으로 바뀌고 있다. 이곳에서 땅을 일구던 농민들은 안이한 소비자가 되고 있으며, 과거의 독실한 신자는 구매력 높은 고객이 되고 있다. 세속의 책임감 때문에 걱정하는 이들을 위해 교회는 피난처를 제공하면서 성스러운 선물 주머니를 진열해놓고 있는 것이다.

스페인에서 온 신부님, 9일 기도, 스페인의 책자와 문화에 친숙했던(그리고 아마도 사제관에 걸린 프랑코 총통 사진에도 친숙했을) 교회신자들은 이제 전혀 새로운 유형의 성직자를 만나고 있다. 그들은 경영과 행정, 재정 분야의 재능을 갖추고 특정 종류의 민주주의를 그리스도교의 이상이라고 홍보하는 성직자들이다. 하지만 사람들은 이 교회가 자신들과는 이질적이고 거리가 멀다는 걸 곧 깨달을 것이다. 해외에서 자금을 끌어와 특수한 방식으로 운영하는 수입 교회임을 알아챌 것이고, 낯설기 때문에 오히려 성스럽게 들리는 억양으로 설교하는 교회임을 알게 될 것이다.

이 같은 이국적 요소를 유입함으로써—나아가 더 많이 들어오기를 바라는 기대감 덕에—교회는 무기력에서 벗어나 수명을 새롭게 연장하고, 또 한 번 과거의 식민지 체제를 작동시킬 기회를 얻게 되었다. 만일 미국과 유럽에서 텅 빈 교구를 충분히 채울 정도로 많은 성직자를 보낸다면, 평신도에게 짬짬이 무급으로 전도 사업을 맡길 필요도 없을 것이고, 현재의 교구 조직이나 사제 임무, 주일 미사나 설교 시간을 재조정할 필요도 없을 것이다. 결혼한 부제(副祭)를 활용하거나 새로운 방식의 강론과 성찬식을 고안할 필요도 없을 것이며, 신자 집안사람의 개종식을 그들 집에서 치를 필요도 없을 것이다. 이처럼 성직자를 더 많이 보내주겠다는 약속은 마치 사람의 넋을 홀리는 사이렌의 노래 같다. 라틴아메리카의 만성적인 성직자 과잉 현상도 더 이상 눈에 보이지 않을 것이며, 이런 과잉 현상이 교회의 가장 심각한 병이라고 진단하기도 어려워진다. 현재 이런 비관적 상황은 용기 있고 상상력이 풍부한 사람들―그들 중에는 라틴계가 아닌 사람들도 많다―이 소수 나타나면서 조금씩 바뀌고 있다. 그들은 진정한 개혁이 어떤 것인지 이해하고, 연구하며, 그것을 위해 분투하는 이들이다.

현재 라틴아메리카 교회 인력의 상당수는 중산층과 상류층을 위해 봉사하는 민간기관에서 일한다. 이 기관들은 종종 높은 수익을 올리곤 한다. 가난한 사람에게 봉사하는 공공기관에서 일할 교사, 간호사, 사회복지사가 절실한 대륙에서 이런 일이 벌어지는 것이다. 성직자들 역시 대부분이 대단치 않은 성사, 준성사, 미신적인 축복이나 베푸는 등의 기능적 업무를 수행하는 데 얽매여 있다. 대부분이 비루하게 살아가는 셈이다. 교회는 사목상 의미 깊은 일에 인력을 활용할 수도 없고, 사제들과 그들을 감독할 670명의 주교에 대한 지원조차 할 수 없게 되었다. 신학은 이런 체제를 정당화하는 데 이용하고, 교회법은 이런 체제를 관리하는 데 쓴다. 외국인 성직자라는 존재 역시 이 체제를 유지할 필요성을 전 세계가 받아들이도록 하는 데 이용되고 있을 뿐이다.

신학교와 성직을 떠나는 이들이 자꾸 늘어나는 이유는 성직자 규율이나 희생정신이 부족해서라기보다 건강한 가치판단 감각이 훨씬 더 효과를 발휘해서인 듯하다. 교회가 새로 조성한 복지 환경을 보고서 이기주의자들이 여전히 교회 경력을 매력적으로 여기고 모여드는 것을 보면 말이다. 주교들은 비굴한 구걸자가 되어 사파리 원정대를 조직하고 파견할 신부들을 모집하는가 하면, 소신학교(小神學校) 같은 변칙적 기관을 건립하려고 기금을 모으러 다닌다. 그렇게 조직한 원정대가 성공을 거두는 한, 의식적으로 고난의 길을 택하고 자신이 진정 그런 도박을 원하는지를 정직하게 자문해보기란 매우 어려울 것이다.

라틴아메리카에 교회 인력을 수출하는 일은 새 교회에 전반적으로 퍼져 있는 막연한 불안감을 잠재우기 위한 것이기도 하다. 북아메리카와 남아메리카 교회 당국은 동기는 다를지 몰라도 불안하기는 마찬가지다. 그래서 지금의 성직자 중심의 부적절한 교회를 유지하는 일에 공모한다. 이들 교회는 성직자나 재산은 신성시하면서도 사람들과 공동체를 성스럽게 하는 일에는 눈을 감고 있다.

구호품을 주지 않으면서 자선 활동을 한다는 것은 결코 쉽지 않은 일이다. 언젠가 심각한 굶주림에 시달리는 지역의 성구실(聖具室)에서 식량 배급을 중단했던 기억이 떠오른다. 그때 들었던 비난의 목소리가 아직도 가슴을 찌른다. "당신의 양심 때문에 죽은 아이가 수십 명인데, 남은 평생 다리 뻗고 잘 수 있는지 보겠소." 하지만 의사들마저 근본적 수술보다 아스피린 처방을 선호한다. 환자가 암으로 죽어가는 데는 아무런 양심의 가책도 느끼지 않으면서, 수술하다가 일어날지 모르는 사고는 두려워한다. 예수회의 대니얼 베리건[12] 신부는 라틴아메리카에 관해 쓴 글에서 오늘날 필요한 용기를 이렇게 말했다. "나는 앞으로 3년 동안 그곳에 어떤 인력도 물자도 보내지 말자고 제안합니다. 우리의 실수를 파헤치고 직시하여, 그 실수를 성스러운 것으로 포장하지 않는 법을 배우도록 합시다."

나는 6년 동안 라틴아메리카로 파견될 수백 명의 선교사를 교육하면서 깨달은 것이 있다. 진실한 자원봉사자는 자신의 신념을 시험대에 올려놓을 진실을 정면으로 보려 한다는 것이다. 하지만 행정적 결정에 따라 인력을 보내면 그뿐인 고위 성직자는 그런 기만적 현실을 직접 겪으면서 지낼 처지에 있지 않으므

---

12 Daniel Berrigan. 미국의 시인, 평화운동가. 베트남전에 반대하여 주정부 징병위원회 서류들을 불태운 혐의로 한때 FBI 10대 수배자 명단에 오르기도 했다.

로, 이런 현실을 직시하는 데 심정적으로 무딜 수밖에 없다.

영업사원에서 비밀요원으로

미국 교회는 자선이 가진 뼈아픈 측면들을 직시해야 한다. 무상으로 제공받은 삶이 그 수혜자에게 무거운 짐을 강요하기 때문이다. 라틴아메리카로 파견되는 사람은 아무리 자신의 모든 것을 바쳐도 그들이 쓸모없거나 심지어 해만 끼칠 수 있다는 가능성을 겸허히 받아들여야 한다. 또한 교회 원조 프로그램이 암으로 변한 세포조직의 고통을 완화하는 일시적 처방제로 자신들을 이용하고 있다는 사실도 알아야 한다. 유일한 희망이 있다면 이런 처방을 이용해서라도 유기조직이 자연 치유를 할 만한 휴식시간을 가질 수 있다는 사실뿐이다. 하지만 약사가 준 약에 이미 맛들인 환자라면 의사의 충고를 따르지 않거나 그 약에 중독되었을 가능성이 훨씬 크다.

외국인 선교사들은 항해사들이 과감히 구명보트를 내리지 않은 탓에 자신들이 가라앉는 배의 구멍을 때우도록 동원되었다는 사실을 점점 깨달아가고 있다. 이런 상황을 정확히 보지 못하는 사람도 조만간 자기 인생의 황금 같은 시간을 순순히 바치면서까지 스스로 덫에 걸려들었다는 걸 알게 될 것이다. 해도에도 없는 바다를 헤매는 배처럼 결국에는 가라앉을 운명의 배를 지키려고 부질없이 안간힘을 써야 하는 처지에 빠졌다는 걸 깨달을 것이다.

우리는 선교사들이 세계 이데올로기 전쟁의 앞잡이로 쓰일 수 있다는 점을 인식해야 한다. 또한 특정 사회체제나 정치체제를 떠받드는 데 복음을 이용하는 일이 신성모독 행위라는 것도 인식해야 한다. 사람과 돈을 특정 프로그램의 틀에 실어 한 사회로 보내면, 그 사람과 돈이 추종하는 이념도 따라붙는 법이다. 평화봉사단의 경우, 소규모 외국인 집단이 촉매작용을 해서 일으킨 문화적 변이가 그들이 직접 행한 봉사보다 더 치명적이라는 지적이 나오고 있다. 이것은 미국인 선교사의 경우에도 해당된다. 그들은 모국을 지척에 두고서 마음껏 쓸 수 있는 가용수단을 가지고 단기 임무를 수행하러 뻔질나게 이웃나라에 드나든다. 그들이 들어가는 지역은 미국의 문화적, 경제적 식민화가 집중된 곳들이다. 이처럼 선교사는 미국 세력의 일부이면서 때로는 직접 음모를 꾸미기도 한다.

이들 선교사들을 통해 미국 정부는 교회가 가진 공적 이미지에 그림자와 색깔을 입힌다. 미국인 선교사들은 '진보를 위한 동맹'이나 '카멜롯 프로젝트',[13] CIA 공작 등이 벌어지는 시기에

---

13 Project Camelot. 라틴아메리카 등 제3세계의 사회변화를 예측, 통제한다는 목적으로 1964년부터 수년간 미 군부가 추진한 계획. 실제로는 심리전을 수행하기 위한 것이었다.

맞춰 우연히 그 지역에 들어간다. 마치 이 작전에 세례라도 주려는 듯하다. '진보를 위한 동맹'은 겉으로는 그리스도적 정의를 구현하려는 듯 보이지만 그 참모습, 즉 다양한 동기에도 불구하고 본질적으로는 기성 체제를 유지하려고 고안한 속임수라는 사실은 가려져 있다. 동맹이 결성된 첫 5년 동안 라틴아메리카로 보내는 순 자본액은 세 배로 증가했다. 하지만 액수 자체가 너무 작아서 라틴아메리카가 지속적인 성장을 할 수 있는 발판조차 마련하기 어려울 정도였다. 미국의 뒷마당에 조용히 앉아 있으라며 개에게 던져준 뼈다귀나 마찬가지였던 셈이다.

이런 현실에서 미국인 선교사는 식민지 권력의 앞잡이 사제와 같은 전통적 역할을 수행하는 경향을 띤다. 교회가 외국 돈을 쓰면서 알게 모르게 만들어내는 위험은, '미국놈들'이 원조를 이용해 못사는 사람을 조용하게 만들려고 할 때 보여주는 희화적 그림의 일부이기도 하다. 그럼에도 불구하고 미국 정부가 라틴아메리카에서 벌이는 사회정치적 침략에 대해, 대다수 미국인들더러 분명하고도 강력하게 비판의 소리를 내라고 요구하기는 어렵다. 왜냐하면 쓰라린 추방이나 변절한 기회주의자라는 오명을 감수할 용기 없이 그런 일은 하기는 너무나 어렵기 때문이다.

이처럼 미국인 선교사 집단에 '미국의 전초부대'라는 이미지가 투영되어 있는 것은 피할 수 없다. 오직 개인으로서 지역민과 어울리는 미국인만이 그런 의혹을 피할 수 있을 것이다. 미국인 선교사는 비록 무의식적이라 할지라도 자국의 사회정치적 이념을 위해 일하는 '비밀요원'이 될 수밖에 없다. 의도적이고 의식적인 측면으로만 본다면야 그저 자신이 속한 교회의 가치를 남아메리카에 전하고 싶었던 것뿐이리라. 하지만 그가 아무리 그 가치를 잘 선택하고 현지에 잘 맞춘다 해도 가치 자체에 의문을 던지는 수준에는 이르지 못할 것이다.

자선의 올바른 가격

10년 전만 해도 상황이 이렇게 복잡하지는 않았다. 당시 선교 단체들은 미국 교회가 전통적으로 가지고 있던 기자재들을 라틴아메리카로 흘러들게 하는 통로 역할을 양심껏 맡고 있었다. 사제복에서 성당 부설학교에 이르기까지, 또는 미국식 교리문답에서 가톨릭 대학에 이르기까지, 주로 이런 것들을 라틴아메리카 시장에 내다팔 만한 상품으로 여겼다. 이런 '미제' 상품들을 써보라고 현지 주교를 설득하는 데도 그리 대단한 영업기술이 필요하지 않았다.

그런데 그 사이 상황이 급변하고 말았다. 미국 교회는 과학적이고 대대적인 자기평가 결과를 처음으로 접하고부터 심하게 흔들리게 되었다. 방법과 제도뿐 아니라 그들이 암암리에 가진 이념까지 시험과 비판의 대상이 된 것이다. 그러다 보니 미국 교회의 영업사원들이 품고 있던 자신감마저 갈팡질팡하고 있다. 우리는 지금 본국에서조차 거부하는 제도와 프로그램을 전혀 낯선 문화에다가 이식하려는 자들이 처한 역설적 상황을 보고 있는 중이다. (나는 최근에 이미 공립학교가 열 곳이 넘는 중앙아메리카 지역교구에 옛날식 가톨릭계 인문학교를 또 세울 계획이라는 얘기도 들었다.)

이와는 정반대되는 위험도 있다. 과도한 자신감으로 인한 위험이다. 이제는 더 이상 라틴아메리카를, 본국에서조차 자기 생각을 설득하지 못하는 미국 자유주의자들의 천국이 되도록 둘 수는 없다. 또한 지나친 소명의식에 빠져있는 바람에 자기 공동체 안에서는 마땅한 천직을 찾을 수 없는 사도들의 배출구가 되도록 해서도 안 된다. 미국 교회의 하드웨어를 파는 영업사원들은 미국에서도 한물간 것으로 여기는 교구조직, 학교, 교리문답 등의 삼류 모조품을 들고 대륙 전체를 다니며 떨이로 팔려는 조짐을 보이고 있다. 떠돌이 현실도피주의자는 더 위험하다. 본국에서도 먹히지 않는 얄팍한 저항의식으로 이국 땅을 더 혼란스럽게 만들고 있을 뿐이다.

미국 교계에서 베트남전을 겪은 세대는 문제와 함께 해결책을 수출하지 않고서는 해외 원조를 이어가기 어렵다고 본다. 하지만 개발도상국에게는 두 가지 다 손에 넣을 수 없는 사치품에 불과하다. 가령 멕시코 사람들은 미국인 친구가 선의로 보내준 선물을 받을 때마다 고액의 관세를 물어야 한다. 쓸모도 없고 요청하지도 않은 선물이지만 보낸 이의 심기를 거스르지 않으려고 그렇게 하는 것이다. 선물을 주는 사람은 당장의 필요만 생각할 게 아니라 미래의 모든 세대에게 미칠 결과를 고려해야 한다. 선물을 계획하는 사람 역시 인력, 자금, 이념이 지닌 선물로서의 가치가 그것을 받는 사람이 결국에 치를 가격에 상응하는지 물어야 한다.

베리건 신부가 말한 대로 부자와 힘 있는 사람은 무엇을 주고 안 줄지 마음대로 결정할 수 있지만, 가난한 사람이 그것을 받지 않겠다고 거절하기 어렵다. 이처럼 구걸자의 의사를 좌우하는 것은 기부자이기 때문에, 라틴아메리카 현지 주교들이 그릇되고 해로운 해외 원조를 요청한다고 해서 그들에게 전적인 책임이 있다고 할 수는 없다. 오히려 책임은 주로 미국의 선의를 팔라고 지휘하는 미국 성직자들의 미성숙한 교회학에 있다.

미국 가톨릭인들은 교회학적으로 정당한 원조계획에 참여하기를 원하는 것이지, 교황이든 누구든 한 개인의 사회적 신조에 따라 개발도상국의 성장에 영향을 주려고 계획한 정치, 사회 프로그램에 참여하고 싶은 것이 아니다. 따라서 얼마나 많은 인력과 자금을 보낼까가 아니라, 무엇을 보내건 그것을 왜 보내는지가 논의의 중심에 있어야 한다.

교회는 그간 치명적인 위험에 처한 적이 없었다. 그리고 우리 역시 교회 조직을 옹호하고 지키려고만 했지, 조직의 목적과 실상에 관해서는 의문을 품지 않았다. 우리 손으로 이룬 일들로 영광을 누릴 날만 기대하다가 건물 한구석이 무너지기 시작하자 이제야 죄책감과 좌절감과 분노를 느낀다. 그럼에도 교회를 믿기보다는 여전히 우리 자신의 흐릿한 문화적 표상만 가지고 교회를 다시 세우겠다고 필사적으로 매달리고 있다. 기술에 의존해 다시 공동체를 다시 세우려고만 할 뿐, 사람들 사이에서 언젠가 터져 나올 하나됨의 열망에는 눈을 감고 있다. 두려움에 휩싸여 교회를 통계학적으로 계획하려 할 뿐, 우리들 사이에서 당장 숨 쉬고 있는 교회를 믿음으로 찾을 생각은 하지 않는 것이다.

제6장

사라지는 성직자

The Vanishing Clergyman

가톨릭교회가 계속 살아남으려면 교회 구조에 큰 변화가 일어나야 한다. 나는 그런 변화가 곧 일어날 것이며, 전통 신학의 가르침에도 일치하는 방향으로 그 변화가 표출될 것이라 믿는다. 하지만 변화가 일어나면 가톨릭인이든 아니든 모두의 상상 속에 깊이 박힌 가톨릭교회에 대한 관념도 송두리째 바뀌야 할 것이다.

이 변화를 추상적인 용어로 설명할 수도 있을 것이다. 하지만 나는 성직자, 곧 그들의 지위, 역할, 자아상, 직업적 위상 등에 어떤 일이 벌어질까를 나름대로 짚어봄으로써 이 주제 전반을 조명하는 게 좋겠다고 생각했다. 그렇게 함으로써 질문을 더 분명하고 단순하게 만들고 싶었다. 하지만 이처럼 '성직자'라는 구체적 사례를 들어 내 생각을 말하려는 또 다른 이유가 있었다.

첫째로는 '신학적으로' 새롭거나 대담하거나 논쟁적인 방식으로 이 문제를 다루고 싶지 않기 때문이다. 교회에서 압도적 다수를 이루는 보수층과 토론을 벌일

때는 '사회적' 결과만을 간단히 다루는 게 오히려 해당
주제를 논쟁할 만한 것으로 만드는 방법이다.

내가 성직자 문제에 집중한 두 번째 이유는 가톨릭
좌파들의 관심사에 부합하는 토론 주제를 제시하기
위해서였다. 1960년대 중반 좌파 진영에서는 성직
제도를 개혁하기 위해 많은 제안들을 쏟아냈다. 하지만
제안이라고 해봐야 대개가 그리 혁명적이지도
않았고(성직자 결혼 허용, 사제의 사회운동 및 저항운동 참여
같은 문제들이 그러했다), 교회의 기본적 전통에
충실하지도 않았다(나로서는 타협할 수 없는 문제라고
보는 바, 자유의사에 따른 독신주의, 주교제도, 사제 서품의
영속적 효력 등이 그런 것들이다).

이런 취지로 1959년에 이 글의 초안을 썼다. 그러다가
1967년에야 비로소 친구의 요청을 받고 시카고의『더
크리틱』(*The Critic*) 지에 이 글을 발표했다.

•

로마 가톨릭교회는 세계 최대 규모의 비정부 관료조직이다.
상근 인력만 사제, 수사, 수녀, 평신도를 합쳐 180만 명이다. 미
국의 한 비즈니스컨설팅 회사가 세계에서 가장 효율적 기구라
고 평가한 조직에서 이들 직원이 일하고 있는 것이다. 조직 측

면에서만 보면 가톨릭교회는 제너럴모터스나 체이스맨해튼 은행에 견줄 만한 방식으로 운영된다. 이런 사실을 인정받는 것에 자부심을 느끼는 사람도 있다. 하지만 기계처럼 매끄럽게 돌아가는 이런 모습 때문에 교회를 불신하는 사람도 많다. 교회가 복음이나 이 세상과 맺고 있는 끈을 놓치고 있는 건 아닌지 의심하는 것이다. 심지어 이 회사의 이사진, 간부, 직원들 사이에서조차 동요와 의심, 혼란이 가득하다. 마치 거인이 쓰러지기 직전 비틀거리는 모습을 보는 듯하다.

교회 구성원들 중 일부는 이렇게 교회가 무너지는 모습을 고통과 번민과 두려움으로 지켜보고 있다. 어떤 사람은 무너지는 걸 막아보려고 영웅적인 노력을 기울이다 비극적 희생을 치르기도 한다. 또 어떤 사람은 이 현상을 로마 가톨릭교회 자체가 사멸해가는 징조로 해석하며 한탄에 빠지거나 즐거워한다. 그러나 나는 기쁜 마음으로 교회의 제도화된 관료체제가 사라지는 것을 환영하자고 제안하고 싶다. 이 글에서는 교회에서 현재 벌어지는 일들을 짚고, 몇 가지 구조적 측면에서 교회의 근본적 재편을 도모할 수 있는 길을 제시하려고 한다.

지금 나는 교회의 본질적 변화를 촉구하는 게 아니다. 하물며 교회를 해체하자고 제안하는 것은 더더욱 아니다. 이미 눈앞에 존재하는 구조를 완전히 없애는 것은 사회 법칙에도 맞지 않으며, 하느님이 그 역할을 위임하신 뜻에도 맞지 않는다. 그러나 교회가 하느님이 내린 소명과 사람들의 요구에 부응하려면 과감한 보완이나 새로운 개혁을 넘어서는 수준의 변화를 모색해야 한다. 이 글에서 나는 교회의 기원에 단단히 뿌리박고 있으면서도 미래 사회의 요구와 이어질 수 있는 변화란 무엇인지 개괄하고자 한다. 이런 개혁을 받아들이려면 교회는 그리스도가 전한 대로 가난한 삶을 살아야 한다. 물론 세상에서 진행되고 있는 변화에 민감한 교회라면 지금 벌어지는 현상에 깊은 관심을 가지고 그 변화를 기쁜 마음으로 받아들일 것이다.

교회를 떠나는 성직자들

제도 교회는 지금 곤경에 처해 있다. 효율적인 교회 조직을 위해 헌신과 복종을 다해온 바로 그 사람들이 점점 교회를 떠나고 있기 때문이다. 1960년대 초만 해도 이런 '이탈'이 상대적으로 드물었지만 지금은 흔하게 볼 수 있다. 앞으로는 이런 현상이 추세가 될지도 모르겠다. 더 많은 교회 종사자들이 양심에 따라 맡았던 자기 배역이 끝나고 나면, 그동안 조직이 베풀던 정서적, 영적, 재정적 안위를 포기하겠다고 결심할 것이다. 나는 우리 세대가 지나기 전에 이런 사람들이 교회 인력의 대다수를 이룰까봐 걱정스럽다.

그러나 이런 문제가 생긴 것은 세상의 '영성'이 타락해서도 아니고, '이탈자들'에게 헌신성이 부족해서도 아니다. 그보다는

교회 구조 자체에 문제가 있기 때문이다. 기존의 교회 구조가 지금과는 전혀 다른 과거 상황에 맞춰 발전해왔다는 점을 생각해보면, 이것은 거의 연역적으로 내릴 수 있는 결론이다. 게다가 오늘의 세상은 사회 구조면에서 갈수록 발전 속도를 높이고 있기 때문에, 그 맥락에 맞춰 교회가 진정으로 맡아야 할 역할을 수행하기가 더 어려워졌다. 이런 상황을 분명히 이해하기 위하여 나는 교회가 세상과 접촉하는 통로인 성직의 성격과 기능에 초점을 맞추려고 한다. 그럼으로써 우리는 내일의 교회에 대한 어떤 통찰을 얻을 수 있을 것이다.

교회가 기본적으로 받아들이고 있는 성직 개념이 시대에 맞지 않다는 점은 거의 틀림없어 보인다. 양적인 면만 봐도 조직을 운영하는 데 기존의 상근 인력이 다 필요하지 않다. 더 근본적으로는, 성직자야말로 세상 속에서 교회를 일차적으로 대표하는 사람이라는 기존 관념—제2차 바티칸 공의회의 교령(教令)에서도 여전히 유지된 개념—에 대한 깊은 재검토가 필요한 상황임이 분명하다. 구체적으로 말하자면, 성직자를 꼭 상근으로 두어야 하는지, 성직자 독신제도가 과연 필요한지, 그리고 신학 교육을 받은 사람만 성직자가 될 수 있는지를 재검토할 필요성이 생겼다는 얘기다.

지금의 교회 성직이란, 전부 그런 것은 아니지만, 대체로 소정의 신학 교육을 이수하고 교회법에서 규정한 독신주의를 받아들인 사람이 적은 급여를 받고 상근으로 수행하는 직무를 말한다. 나는 복음적으로나 사회적으로 더 적절한 방향을 모색하기 위해 성직자 문제를 네 가지 측면으로 나누어 말할 것이다. 그것은 (1) 교회에 생계를 건 인력을 과감히 축소하는 문제, (2) 세속에서 독립적 직업을 가진 사람에 대한 사제 서품, (3) 종신 독신제에 들어있는 특별하면서도 고유한 금욕주의, (4) 성직과 신학 교육의 관계이다.

1. 성직자들—줄여야 할 특권층

교회 종사자들은 상당한 특권을 누린다. 성직을 지망한 10대들은 나이가 차면 거의 자동으로 개인적으로나 사회적으로 다양한 특권을 보장받는다. 이런 특권은 능력이나 실적 때문이 아니라 나이를 먹으면 저절로 얻는 것이다.

이들에게 보장된 소득도 소득이지만 성직자가 누리는 사회 경제적 권리는 훨씬 광범위하다. 그들은 교회 소유의 안락한 주택에서 생활하고, 교회가 운영하는 병원에서 특별대우를 받으며, 교회 교육기관에서 교육받고, 죽은 후에도 성직자 묘지에 묻혀 신자들의 기도를 받는다. 성직자가 이처럼 신분과 생활을 보장받는 것은 그가 올린 실적 때문이 아니라 사제복과 로만칼라 때문이다. 현존하는 어느 기업보다 다양한 일자리를 갖춘 이 고

108

용시장은 성직자에게는 온갖 혜택을 주지만, 입회의식을 치르지 못한 평신도에게는 차단되어 있다. 물론 교회 조직에서 일하는 평신도도 몇 가지 '시민권'을 얻을 수는 있지만, 이들의 성공은 주로 '엉클 톰'처럼 얼마나 고분고분하게 말을 잘 듣느냐에 달려 있다.

최근 가톨릭교회는 몇몇 개신교 교회의 사례를 좇아 상당수 인력을 본당 사역에서 사무 업무로 이동시켰다. 하지만 본당 차원에 늘 존재하는 기존의 인력 수요가 늘어나고 있는 동시에 비대해진 관료기구마저 더욱 팽창하고 있는 탓에, 교회 구조의 양 측면에서 가중되는 불균형은 잘 보이지 않는 실정이다. 이러한 조직 팽창은 더 많은 인력과 돈에 대한 열띤 추구로 이어진다. 하느님께는 이 관료 체제를 위해 더 많은 인력을 보내달라고 기도하고, 신자들에게는 그 비용을 치러달라고 독려하고 싶어지는 것이다. 나 개인적으로는 도저히 하느님께 그런 '은혜'를 간청하지 못하겠다. 교회가 원래 가진 인력 확보 능력만으로도 자기 유지가 충분히 가능한데다, 추가로 도움을 주면 오히려 이미 인력 과잉인 교회가 사제들로 들끓을 수 있기 때문이다. 교회에 인력이 넘치면 오늘의 세상에서 교회가 맡아야 할 임무는 약해지기 쉽다.

바티칸, 거대한 관료체제

교황청을 보면 복잡한 문제의 실상을 그대로 볼 수 있다. 제2차 바티칸 공의회 이후 지금까지 있던 기구들이 거대 행정조직으로 바뀌고 있는 상황이다. 공의회 이후 기존의 12개 성성(聖省)은 상임위원회, 평의회, 자문회의, 소위원회, 총회, 교구회의(synod) 같이 서로 맞물리고 중첩된 수많은 조직을 추가하면서 엄청나게 복잡해졌다. 이렇게 미로처럼 얽힌 관료체제를 다스리기란 거의 불가능하다. 하지만 이것을 기화로 교황청이 그리스도의 몸인 교회에 기업의 경영원리를 적용할 수 없다는 사실을 깨닫는다면 나쁠 것도 없겠다. 그리스도의 대리인인 교황을 기업의 CEO로 보는 것은, 제정일치의 관료제로 유명한 비잔틴 제국의 황제로 보는 것보다 더 부적절하기 때문이다. 기술 관료화된 성직제는 귀족 성직제보다 복음에서 더 멀리 떨어진 제도이다. 우리는 효율성의 추구가 세속적 권력보다 훨씬 더 교묘하게 그리스도의 가르침을 타락시킨다는 사실을 곧 깨닫게 될 것이다.

이제는 거대한 펜타곤조차 인력을 축소하고 어떤 업무는 민간기업과 연구소에 위탁하는 시대에, 오히려 교황청은 더욱 다각화된 자기완비 구조와 자기증식 구조를 갖추기 위한 시동을 걸고 있다. 이렇게 상부 비대형의 거대 조직을 중앙집중식으로 운영하는 일은 이탈리아 출신 사제로 구성된 '성성'의 통제를 벗어나, 이제는 전 세계에서 채용한 성직 전문가의 수중에 들어가고 있다. 중세의 교황청은 현대 기업의 기획 총괄부서로 변하고 있는 것이다.

그런데 이런 구조상의 변화와 모순되게도, 이 조직의 사제들은 귀족계급을 이루어 이제는 서구 사회에 유일하게 남은 봉건 권력을 틀어쥐고 있다. 이 권력의 주권적 지위를 보장해준 것이 라테란 협정[14]이었다. 이 권력은 이제 한 걸음 더 나아가, 다른 주권국들과 관계에서 교회 이익을 지키려고 만든 외교조직을 활용하여 유엔식량농업기구나 유니세프, 유네스코 같은 국제기구는 물론이고 유엔 본부에까지 용역을 제공한다.

이런 발전 때문에 교회는 광범위한 일을 처리할 수 있는 인력이 필요해졌고, 또 이 인력에 대한 전문 교육을 실시해야 했다. 게다가 교회는 위계조직상 그 구성원에게 절대적인 통제권을 행사하는 데 익숙하므로, 신분이 자유롭지 못한 성직자로 그 자리를 채우려 한다. 이처럼 한꺼번에 무리한 신규 채용을 하다 보니, 거꾸로 정반대의 추세가 생겨나고 있다. 해마다 신규 채용한 인원만큼 그간 훈련시킨 인원이 떠나고 있는 것이다. 교회는 그 공백을 메우려고 고분고분하고 순종적인 평신도를 마지못해

---

14 Lateran conventions. 1929년 로마 라테라노 궁전에서 이탈리아와 교황청 사이에 맺은 협정. 로마가톨릭을 이탈리아 국교로 인정하고 교황청의 절대적 주권과 바티칸 시국(市國)의 독립을 보장한 것이 골자다.

받아들이고 있다.

이처럼 성직자들이 이탈하는 모습을 보면서 어떤 이들은 조직에 해로운 요소가 없어지고 있다고 말한다. 어떤 이들은 현대 사회의 온갖 유혹이 그 원인이라고 말한다. 교회는 이러한 인력 손실이 발생하고 그에 따른 소명의 '위기'가 찾아와도 본능적으로 조직에 유리하게 설명하려고 한다. 그리고는 더 높은 소명의식을 위해 열성적이고 감동적인 유인책이 필요하다고 강변한다. 하지만 이처럼 과잉 확장된 성직자 구조가 붕괴하는 것이야말로 그것이 얼마나 부적절했는지 보여주는 명백한 증거라고 생각하는 사람은 매우 드물다. 하물며 교황이 먼저 사회 문제에 대한 영향력을 줄이고 교회에 대한 통치권을 축소할수록, 그만큼 복음전파자로서의 위상이나 신뢰가 커진다는 걸 이해하는 이는 더욱 드물다.

교회 조직의 변두리에서 일어나는 변화도 교황청만큼이나 '파킨슨 법칙'[15]을 충실히 따라간다. 즉 일이 많아서 일하는 사람이 늘어나는 게 아니라 일하는 사람이 많아서 일이 늘어난다는 법칙 말이다. 제2차 바티칸 공의회 이후 하부 조직으로 권한을 분산하려는 시도는 결국 지역 단위에까지 관료제를 무분별하게

---

15 Parkinson's law. 영국 정치사학자인 C. N. 파킨슨이 업무량 증가와 관료조직의 비대화는 서로 아무런 관련이 없으며, 관료 수는 일의 분량과 관계없이 증가함을 통계적으로 보여준 법칙.

퍼뜨리는 결과를 낳았다. 라틴아메리카는 기괴한 사례이다. 한 세대 전만 해도 라틴아메리카 주교가 교황청에 갈 일은 10년에 한 번꼴로 교황에게 현안을 보고하기 위해서였다. 그밖에 교황청과 연락할 일은 교황청 대사나 이따금 있는 바티칸 방문자를 통해 관면조치 등 정형화된 청원을 할 때뿐이었다. 요즘에는 복잡하게 구성된 교황청 라틴아메리카위원회가 유럽과 미국 주교로 이루어진 분과위원들을 거느리고 라틴아메리카 주교단과 세력균형을 맞추려 한다. 왜냐하면 라틴아메리카 주교단 역시 주교회의(*Consejo Episcopal Latinoamericano*, CELAM), 수많은 분과위원회, 비서진 및 심의기구들을 거느리고 있기 때문이다.

CELAM 자체는 라틴아메리카 16개국 주교회의를 대표하는 최고기구일 뿐이지만, 이 주교회의들의 상당수는 복잡한 관료조직을 갖추고 있다. 주교회의는 원래 주교들로 구성된 비정기 협의체로, 주교가 교구로 돌아가 독립성과 고유성을 가지며 활동하도록 도우려고 만든 조직이다. 하지만 실제로 벌어진 결과는 정반대이다. 주교들은 자꾸만 늘어나는 회의 시간에 회전목마처럼 자리를 지키면서 관료적 심성만 키우고 있다. 조직이 새로 생기면 그동안 풀뿌리 조직에서 훈련한 인력들을 사제단의 기획 업무로 한꺼번에 데려간다. 그러다보니 지역 교회에는 창의적이고 참신한 시도는 사라지고, 그 자리에 엄격하고 상상력이 메마른 중앙통제만 들어선다.

흔들리는 성직자들

교회 전체로 볼 때 성직자 개인은 어쨌든 살아남을 수 있다. 왜냐하면 제단에서 전례를 거행할 권한이 성직자에게만 있기 때문이다. 이렇게 사제 권한과 성직자 특권의 결합이 결합하여 지금의 교회 구조를 지탱하는 핵심을 이룬다. 교회에 고용된 사제들은 이 기업 조직의 자리를 채우는 데 얼마만큼의 인력을 공급해야 하는지 증명하는 존재들이다. 특히 성직자의 사제 겸임은 성직을 경력으로 여기는 사람들이 끊임없이 배출되고 넘치는 이유를 제공한다. 만약에 생계를 스스로 책임지는 평신도를 사제로 서품한다면 교회 관료주의는 단숨에 무너질 것이다. 하지만 기존 체제 안에서 사고방식을 형성하고 생계를 걸고 있는 이들은 세속의 직업인을 사제로 서품해야 한다는 의견에 본능적 두려움을 느낀다. 교구장이나 가톨릭 애덕회장, 신부 할 것 없이 모두가 사제를 비성직으로 하자고 주장하면 위협을 느낀다. 성직자를 공급하는 가톨릭대학 총장이나 성직복 납품업자, 사울 알린스키[16]처럼 교회의 지원을 받는 시민운동가도 마찬가지다. 이들은 모두 다양한 방식으로 성직자의 권력과 특권에 기대어 지원을 받는 사람들이다. 그럼에도 불구하고 세속의 직업

---

16 Saul David Alinsky. 1950~60년대에 활동한 미국 빈민운동의 대부. 가톨릭 유명 인사들과도 여럿 교우하였고, 클린턴 부부와 버락 오바마에게도 큰 영향을 미친 것으로 알려져 있다.

인을 사제로 서품한다면, 교회는 한 단계 커다란 진전을 이룰 수 있을 것이다.

최근 들어 일부 성직자는 왜 자신이 필요로 하지도 않는 부끄러운 안위를 위해 교회의 억압적 통제를 받아들여야 하는지 의문을 품기 시작했다. 성직자가 되기 위해 훌륭한 신학 교육을 받고 평생지원까지 보장받았지만, 알듯 모를 듯한 외국의 저술을 읽느라 시간을 보내다 보면, 자신이 신학자라기보다 회계사 같다는 생각이 드는 것이다. 역으로 말해서 라틴아메리카 주교들은 지금 신부를 유럽에 파견해 사회학을 배워오라고 시켜놓고서는, 그 신부가 새로 얻은 능력을 써먹을 연구 부서를 다시 교구에 만들고 있는 셈이다.

성직자가 자기 직무에 만족하지 못하는 이유는 자신에게 의미 있는 일을 할 자유가 없거나 주어진 직분을 수행할 준비가 안 되었다고 느끼기 때문이다. 전자의 경우에 교회는 직무 내용을 잘 설명해주는 것으로 해결이 된다고 믿는다. 후자의 경우에는 직무 교육을 잘 하는 것이 해결책이라고 본다. 하지만 두 해결책 모두 방향을 잘못 잡은 임시변통에 지나지 않는다. 그보다는 다음과 같은 질문을 해야 한다. 그 임무를 교회가 통제하지 않고 성직자에게 맡길 수는 없는가? 또는 담당 신부를 직무에서 풀어주고, 보통의 사회적 조건 및 통제 하에서 다시 경쟁자를 모집할 수는 없는가? 그러지 않고 지금의 제도를 유지하는 한 우리는 이 문제, 곧 자기 직분에 만족하지 못하는 성직자의 문제를 계속 떠안을 수밖에 없을 것이다.

이 문제를 해결하지 않는다면 우리는 앞으로 수년 안에 성직자 재교육 과정이 급증하는 상황을 맞이하게 될 것이다. 시대에 뒤떨어진 수도자 수련이나 신학 과정을 '신식' 교회에 맞추려면 지금까지와는 전혀 다른 기법과 태도가 필요하기 때문이다. 분과위원회와 각종 부서들과 사무국이 기하급수적으로 늘어난 교회에 맞추려면 말이다. 하지만 이런 프로그램을 팔다보면 또 다른 문제가 생길 것이다. 성직자들 스스로 이렇게 말하기 시작할 것이다. "나도 다른 사회인들처럼 나 자신을 책임지고 사회 속에서 성인으로 살아가려면 아무래도 세상으로 나가기 위한 훈련이 필요해."

이런 문제를 해결하기 위해 교구와 수도회에서는 비즈니스 컨설턴트들을 점점 더 활용하려 한다. 이들로 말하자면 미국경영협회에서 채택한 평가기준을 들고서 지금의 교회 구조를 유지하는 걸 당연하게 생각하고 일하는 사람들이다. 그 결과 현재 시행하는 성직자 재교육은 본질적으로 억압적이고 이념적으로 치우친 데다 어떻게 하면 교세를 확장할 수 있는지만 가르친다. 더 복잡한 기계를 다룰 수 있는 능력만을 키워주고 있는 것이다. 이제는 성직자 피정(避靜) 정도가 조직에 대한 개인적 헌신을 공고히 하는 데 활용되고 있는 셈이다.

성인을 재교육하는 이유는 사람들을 올바른 질문으로 이끌기 위해서다. 지금의 교회 조직은 관습에 뿌리를 둔 것인가, 아니면 계시에 뿌리를 둔 것인가? 교회에 전적으로 헌신하기로 한 사람으로서 나는 이 조직에 머물며 혁신을 꾀할 것인가, 아니면 미래의 모범으로 살기 위해 이 조직을 떠날 것인가? 교회에는 이런 양심과 비판적 자각을 추구하는 사람이 필요하다. 그들은 교회에 대한 믿음을 굳게 지키면서도 위계적 통제를 벗어나 불안정과 위험을 감수하고 살아가려는 사람들이다. 언젠가 이들은 교회의 특권적 지위를 안에서부터 무너뜨릴 것이다. 오늘날 존재하는 이 극소수의 그룹은 기존의 성직자 사고 속에서는 불손하고 위험한 집단으로 낙인찍혀 있다.

이러한 전복적 교육의 좋은 사례로는 미국에서 일어난 '수녀 교육 운동'(Sister Formation Movement)이 있다. 이 운동은 미국 교회가 세속으로 나아가는 방법을 내부로부터 찾은 중요한 계기였다. 1950년대 중반 일단의 수녀들이 수도자들을 위한 고등 직무교육이 필요하다고 압력을 행사하면서 일이 시작되었다. 이 요구가 실현되어 수사와 수녀들이 박사학위를 받고 공동체에 돌아왔을 때, 그들은 어떤 학술적 직업에도 지원할 만한 경쟁력을 갖출 수 있었다. 그동안 교회 기관들이 재능이나 직무 훈련과 관계없이 수도자들에게 전통적으로 베풀던 특별대우에 더이상 의존할 필요가 없어진 것이다.

이렇게 교육받은 상당수는 성직자적 사고방식이나 교회의 통제 때문에 자신과 조직이 얼마나 터무니없는 제약을 받아왔는지 새삼 깨달았다. 그 가운데는 자신에게 더 의미 있고 어울리는 일을 찾기 위해 공동체를 떠나야 할 순간이 왔다는 걸 깨달은 사람도 있었다. 또는 억압적이고 파괴적인 교회의 통제로부터 자기 조직을 벗어나게 하는 일에 착수한 사람도 있었다. 전자는 변절자로, 후자는 위험인물로 낙인찍혔다. 하지만 마침내 수도회는 수도자들이 공동체의 일원으로 머물면서 임시직이든 정규직이든 사회에서 원하는 직업을 갖게 허용하지 않을 수 없었다. 이것을 계기로 앞으로 수도자들은 자신의 동료, 거주지, 공동체적 삶의 방식까지 스스로 선택할 것이다.

최근에는 수녀회의 장상 수녀들도 이 같은 시대의 징표를 이해하기 시작했다. 불현듯 수도회의 시대가 이미 끝났을지 모른다는 사실을 깨달은 것이다. 그러나 주교들은 그런 조짐이 신부들 사이에서도 일어나고 있다는 사실을 여전히 깨닫지 못한다. 물론 미국 신부들의 성품이 늦돼서 이런 움직임이 아직은 미약하고 더딘 것도 사실이다. 하지만 신부들이 여러 세대를 거치는 동안 중산층의 안락과 안위에 젖어 무조건적인 복종에 길들여진 탓도 크다.

오늘날 일부 신부들은 자신이 사회 경제적으로 실질적 역할을 할 수 있는 세속의 직장에서 일했더라면 지금보다 더 나은 성직자가 되었을지 모른다고 생각한다. 예컨대 예술가 신부라면, 자신을 교회 관료로 배치할 권한이 왜 주교에게만 있는지, 뉴욕 그리니치빌리지 같은 예술가 거리에서 살면 왜 성직을 정지시키는지 의문을 품는다. 이러한 움직임은 성직자들에게서 두 가지 다른 결과로 나타나곤 한다. 헌신적인 성직자라면 성직이 정지되는 위험을 감수하고 사제 특전을 거부하는 길로 나아가려 한다. 평범한 성직자라면 교회 조직에 그냥 눌러앉는 대신 추가 혜택은 더 주고 책임을 덜 지게 해달라고 요구하면서 성직자 신분에 더욱 안주하려 한다.

떠날 것인가, 남을 것인가

어떤 사제는 교회 관료주의가 복음과 괴리된 것이고 사회적으로도 모순된 것임을 알고는 실현 가능한 대안을 찾아 용감히 나서기도 한다. 내 주변에는 지역사회 운동가, 교사, 연구자, 전문가가 되어 가난한 사람을 위한 프로그램에 상근으로 일하고 싶어 하는 사람들이 많다. 그들은 독신 평신도로서 생계를 스스로 책임지고 살면서, 주교의 감독 하에 신자들을 위해 비상근 성직 업무를 수행할 수는 없는지 궁금해 한다. 그들은 교회가 현실 사회에 충분히 민감하게 대응하여, 개인이 사제 직분을 그만둬도 성직 자체를 정지시키거나 독신을 해제할 만큼 급진적인 개혁을 할 수 있는지 질문한다.

그런 급진적 개혁은 당연히 기존의 교구제도에 위협이 된다. 왜냐하면 헌신적이면서 상상력 넘치는 이들을 자극해 자기 길을 찾아 나서게 하기 때문이다. 그들은 성직을 버리려 할 것이고, 안정과 타성에 젖은 이들의 수중에 들어가 있는 낡은 교회 조직을 떠나려 할 것이다. 그런 이탈은 관료화된 주교나 뒤베이 신부[17] 같은 반항자 모두에게 위협이 된다. 주교들은 성직자가 늘어나길 바라면서도, 이들 피고용자의 권리 요구, 이를테면 노동조합 같은 요구는 극구 거부한다. 이런 주교들이건 그들에게 반대하는 뒤베이 신부 같은 이들이건 성직자 체제를 유지하려하는 점에서는 별반 차이가 없다.

이들 이탈자 중에는 이런 교회 체제의 가식에 눈을 떠서 세속 사회로 나간 경우가 꽤 있다. 이들 가운데 사회 저항이나 혁명적 실천을 도모하는 그룹은 특히 '성직'이 주범이라고 지목한다. 이들은 양심이 명하는 대의를 따르기 위해 자신의 성직 경력을 기꺼이 희생하려고 한다. 하지만 신부나 수녀가 이처럼 현실 세계가 존재한다는 것을 갑자기 깨닫고 뒤늦게나마 그런 행동에 참여하려면 상급자의 질책을 들을 각오를 해야 한다. 물론 좀 더 명석한 상급자라면 부하가 '용감무쌍한' 결단을 했다고 치하

---

17 William Henry DuBay. 1960년대 중반 미국 LA 지역에서 급진적인 가톨릭 개혁을 이끈 신부. 흑인, 동성애자 인권운동과 함께 개별 교회들의 독립과 독자적 전례를 주장하다가 성직정지 처분을 받았다.

하며 기뻐할 것이다. 왜냐하면 교회가 제도적으로 사회에 증언자 역할을 하느라 막대한 대가를 치르느니, 몇몇 순진한 저항자들을 내버려두는 편이 훨씬 싸게 먹히기 때문이다.

교회가 이런 증언자 역할을 수행하도록 우리는 지금 '급진적' 사회 진출을 선택하는 사제가 많이 생기기를 기도해야 하지 않을까? 미래의 교회를 개척하기 위해 교회를 떠나려는 사제에게 격려를 보내야 하지 않을까? 교회를 중심으로 사랑하여 헌신을 다했지만 그 대가로 온갖 오해를 받으며 성직정지 조치를 당한 사제를 위해 기도해야 하지 않을까? 그런 일을 겪고도 마음을 닫거나 분노하지 않고 여전히 충만한 희망으로 기꺼이 그 일을 맡으려는 사제를 위해, 그리고 내일의 사제가 살아갈 삶을 오늘 기꺼이 살려고 하는 비범한 사제들을 위해 기도해야 하지 않을까?

2. 미래의 사제들

앞으로 교회는 다음과 같은 모습이 될 것이다. 성인 평신도가 사제 서품을 받아 '정상적인' 그리스도 공동체를 이끌 것이다. 사제직은 직업이라기보다는 여가를 내서 하는 일이 될 것이다. 현재의 본당 대신 '디아코니아'[18]가 교회의 기본 단위가 될 것이

---

18 diaconia. 원래는 헬라어로 '봉사'를 뜻하는 말이었으나, 자선과 구제를 위해 교회가 설치한 시설과 조직을 가리키는 말로 주로 쓰인다.

다. 미사 역시 주일마다 낯선 사람들이 모여서 치르는 의식이 아니라 다정한 친구들이 만나는 정기적 모임이 될 것이다. 그리고 모임은 교회가 고용한 관료나 직원이 아니라 자기 일로 생계를 꾸려가는 치과의사나 공장노동자, 교수가 이끌 것이다. 사제직도 마찬가지로 신학교에서 직업적으로 키운 졸업생들이 아니라, 친교의 전례의식에 오래도록 참여하면서 그리스도의 지혜를 키운 사람이 맡을 것이다. 교회법이 규정한 서품 자격 때문에 독신을 택한 사람보다는 결혼해서 아이를 키우는 사람에게 지도자의 책임이 부여될 것이다.

앞으로는 제단 앞에 무표정하게 모인 군중이 아니라, 식탁 둘레에 가족처럼 서로 얼굴을 맞대고 만나는 모임이 나타날 것이다. 성스러운 건물 때문에 의식이 신성해지는 것이 아니라, 의식이 있어서 저녁 자리가 신성해지는 법이다. 그렇다고 교회가 모두 극장으로 바뀌거나 모든 교회 부동산이 흰 코끼리 같은 상징물로 남지는 않을 것이다. 내가 아는 쿠에르나바카의 주교는 라틴아메리카의 전통에서는 대성당이 여전히 있어야 한다고 말한다. 그리스도 교회의 거룩함을 보여주기 위해서는 돌로 지은 아름답고 장엄한 증거도 있어야 할 것이다.

지금의 목회 구조는 대부분 지난 10세기 동안 이어진 독신제와 성직자 제도를 통해 만든 것이다. 1964년에 열린 공의회에서는 결혼한 부제(副祭)를 허용하는 등 이런 양상을 변화시키려는 의미 있는 시도가 있었다. 그런데 이때 나온 교령은 애매한 구석이 있다. 목회 구조는 아무것도 실질적으로 바꾸지 못하면서 준(準) 성직자만 양산할 수 있기 때문이다. 하지만 이 교령은 생계를 스스로 책임지는 일반인을 사제로 서품하는 길을 열 수 있다. 물론 부제를 교회 지원을 받는 성직자로 만듦으로써 교회에 꼭 필요하고 불가피한 과제인 사제직 개방을 늦출 위험도 있다.

미래의 '평범한' 사제는 교회 밖에서 생계를 유지하고, 가정에서 십 여 명의 부제와 함께 주마다 모임을 갖는 사람일 것이다. 사람들은 함께 모여 성서를 읽고 공부하면서 주교가 매주 배포하는 주보를 가지고 이야기를 나눌 것이다. 미사 등 모임이 끝나면 각자 집으로 성체를 가져가 십자가나 성경과 함께 잘 모셔둘 것이다. 사제는 부제들(deacon)이 맡은 다양한 형태의 단위 조직(diaconia)을 방문해 미사를 집전할 것이다. 때로는 큰 홀을 빌리거나 대성당에 여러 디아코니아가 모여 장엄미사를 거행할 것이다.

주교와 사제는 교회 운영이나 행정상의 의무에서 벗어나 비정기적으로 열리는 의식만 준비할 것이다. 그렇게 되면 주교는 매주 교부들의 가르침을 간추리거나 토론의 기초자료를 작성하고 배포할 여유가 생길 것이다. 주교와 사제는 가정에서 여는 '디아코니아' 의식을 함께 준비할 수 있을 것이다. 하지만 이런 변화가 가능하려면 주일미사를 봉행할 의무를 포함해 고백성사제도를 손보는 등 지금과는 전혀 다른 시각이 있어야 한다.

기존의 교회법에서는 교회가 생계를 평생토록 보장하는 사람이나 스스로를 부양할 수 있을 만큼 재산이 충분한 이에게만 성직을 서품한다고 규정하고 있다. 이처럼 경제적 자립을 기준으로 서품 자격을 제한하는 규정은 지금의 사회에 역행하려는 의도가 아니라면 매우 비정상적으로 보인다. 이 시대에는 사회에서 직업을 갖고 일을 해 자신을 부양한다. 다시 말해 위계질서 안에서 단순히 어떤 역할을 차지하고 있다고 해서 생계가 해결되지는 않는다는 것이다. 사제가 직업을 갖는 것은 사제의 독립성을 위해 전문적 능력이나 사회적 안정성을 가지라는 교회법의 취지와도 어긋나지 않는다.

평신도를 사제로 서품하여 성사를 거행하면, 목회자와 평신도 사이에 전통적으로 존재하던 대립 구도를 전혀 새로운 눈으로 볼 수 있을 것이다. 이 구도에서 벗어나서 보면, 평신도와 성직자 개념이 얼마나 과도기적인지 또렷이 알 수 있다. 공의회에서는 지난 100년의 역사적 발전을 요약하면서 사제 직분을 가진 성직자와 서품 받지 않은 평신도를 별도의 문건으로 따로 정의하려 했다. 하지만 기존의 범주를 넘어서는 미래의 새로운 종합에 이르려면 그와는 정반대의 안티테제에서 시작해야 할 것이다.

지금의 교회가 가진 상상력으로는 평신도 사제, 주일 사제,

사회에 직업이 있는 비상근 사제, 비성직자 서품 같은 새로운 개념을 정의하기 어렵다. 원칙적으로 사제는 성사를 거행하고 말씀을 전하는 사람이지, 당혹스러울 만큼 많은 사회적이고 심리적인 문제를 피상적으로 처리하는 만물박사여서는 안 된다. 평신도 사제가 출현하면 결국 교회는 특혜를 제한적으로 배분하는 현 제도에서 벗어날 것이다. 더 중요한 건, 사제를 제도의 인위적 부속품으로 전락시키는 복잡한 전례 절차를 교회가 포기하리라는 점이다. 서품 받은 평신도가 생기면 주임사제를 더 이상 목회에 붙들어두지 않아도 되기 때문이다.

교회는 지금 도시에서 새롭게 깨어나고 있다. 전통적으로 목축(牧畜)에 비유해온 사목(司牧)은 아스팔트와 철근, 콘크리트로 이어진 도회적 삶에서는 비정상적이다. 도시적 단장을 하고 새로운 경험을 한 공동체에 이 오래된 용어들이 맞는지 다시 들여다봐야 한다. 왕이나 왕좌, 각료는 이제 의미를 잃었다. 사람들도 더 이상 신민(臣民)이 아니다. 그들은 자신들이 어째서 목자(牧者)가 이끄는 양떼냐고 서슴없이 묻는다. 공동체를 이끌던 교회 역할도 그 상징적 권능이 권위적 구조에 바탕을 둔 것이면 더 이상 유지할 수 없다. 세련된 도시의 신자들은 공동체를 이끄는 지도자의 권위를 더 이상 목회자에게서 찾으려 하지 않는다. 그들은 사회에서 통하는 행동이 오히려 동기나 방법, 목적에서 교회를 더 일치시키고 세속과도 부합한다는 점을 알고 있다.

어쩌면 개신교 목사나 세속의 전문가가 지도자 자격에 더 적합할지 모른다.

신학적 교양을 갖춘 이들은 더 이상 사제에게서 도덕적 지침을 얻으려 하지 않는다. 그들은 스스로 생각한다. 그들 중에는 신학적 지식 면에서 이미 오래전에 사제를 넘어선 사람들도 많다. 여러 분야에서 교양을 쌓은 부모들은 교리교육에만 특화된 성직자 체제에 아이를 맡겨도 되는지 점점 회의감이 든다. 만일 믿음을 아이에게 가르칠 수 있다면, 그 과제를 맡은 사람은 바로 부모들이며, 그것을 수행할 지식과 믿음도 있다는 걸 깨달은 것이다.

물론 사려 깊은 가톨릭인이라면, 그리스도인의 모임을 이끌고 성사를 주관할 권한을 신으로부터 부여받는 사람이 필요한지마저 의심하지는 않을 것이다. 하지만 사제가 아무리 서품이나 축성을 받았어도 각양각색의 신자들에게 있는 모든 문제를 해결할 수 있다고 말하면 거부감을 갖는다.

요즘엔 사람들의 생활 형태가 바뀌면서 시간제로 성직자 역할을 맡는 것이 가능해졌다. 노동시간의 감소, 조기 은퇴, 포괄적인 사회보장 혜택의 증가 등으로 여가시간이 늘면서, 다원적이며 세속화된 사회에서 기독교 성직을 준비하고 수행하는 일에 더 많은 시간을 쓸 수 있게 되었다.

그럼에도 평신도 사제직을 반대하는 사람이 많을 거라는 사실은 분명하다. 평신도 사제나 부제는 사제직을 쉽게 포기하고, 공공연하게 죄를 저지르기도 쉬우며, 본인이나 배우자로 인해 그리스도 공동체에 불화를 일으키기도 십상이라고 할 것이다. 이런 문제는 명시되어 있지는 않으나 현행 교회법으로도 풀 수 있다. '성직 정지'가 바로 그것이다. 하지만 성직 정지는 당사자나 공동체 모두에게 열린 선택권이어야지, 주교만 행사하는 처벌권이어서는 안 된다. 서품 받은 사제 중에는 어떤 세속적 문제에 관하여 자신이 받아들이기 힘든 입장을 강요받는다고 생각할 수도 있고, 그리하여 교회 일치의 상징이기를 그만두고 싶을지도 모른다. 자신의 양심에 비추어 세상에 맞서든 세상에 머물든 불화의 상징이 되는 게 더 낫다고 생각할 수 있다. 그런 경우 본인이나 공동체 임의로 성직을 관둘 수 있게 해야 한다. 그의 비범함을 알아보고 주교에게 추천했던 공동체는 이번에도 역시 양심의 자유를 존중하여 거기에 따라 행동하게 해줘야 한다. 그가 받은 혜택이나 수입, 지위는 사제라는 이유로 받은 게 아니기 때문이다. 그에게 사제 직분이 있어서 자기 삶을 산 것이 아니라, 세속에서 보여준 헌신성으로 사제 직분을 받은 것이기 때문이다.

3. 성직과 독신제

습관이나 관습이 한번 몸에 배면 떨쳐버리기 쉽지 않은 법이다. 교회가 긴 역사를 거치며 형성해온 성직자 지위와 신품성사, 사제 독신제의 결합은 그 각각의 의미를 이해하기도, 그것들을 따로 분리해서 보기도 어렵게 만들었다. 성직자들은 사제직에 대한 독점적 권리를 확보함으로써 사회경제적 지위와 권력을 누려왔다. 어쩌다 용어를 잘못 쓴 경우를 빼면, 평신도 서품에 주목한 **신학적** 논증도 찾아보기 어렵다. 그저 결혼을 원하는 가톨릭 사제나 결혼 때문에 성직자 지위가 흔들릴까봐 두려워하는 개신교 목사들만 결혼한 사제에게도 교회가 사회보장을 확대해야 한다는 식으로 주장할 뿐이다.

하지만 독신제와 사제직의 결합은 교황청 교시에도 불구하고 지금 심각한 도전을 맞고 있다. 성서적 해석으로, 사목 관점으로, 사회적 논리로, 반대하는 주장이 끊이지 않는다. 사제들은 행동으로 독신제를 거역할 뿐 아니라, 아예 독신주의와 성직을 함께 포기하는 경우도 많아지고 있다. 이 문제가 복잡하게 보이는 것은, 신앙의 두 측면—곧 사제의 성무(聖務)와 결혼 포기에 깃든 신비적 면모—이 하나로 묶여 있기 때문이다. 세속적 언어로는 이 둘 사이의 상호관계를 면밀하게 분석할 수 없다. 따라서 이 문제를 세 가지로 나누고 정식화해서 설명하면, 각각의 관계를 구별하고 그 본성을 이해하기가 훨씬 쉬울 것이다. 즉 자발적인 독신 선택, 수도회 제도, 독신 사제에 대한 교회법 규정을 따로 분리해 살펴볼 필요가 있다.

독신을 선택하는 이유

어느 시대건 교회에는 '하느님의 왕국을 위해' 기꺼이 결혼을 포기하는 남녀들이 있었다. 그런 행동에 걸맞게, 그들은 하느님이 친히 내린 소명을 개인적으로 깨달았기 때문이라는 말로 자신의 결단을 간단히 설명하곤 한다. 소명에 대한 이런 신비적 체험은 결단을 '정당화'하기 위해 두서없이 갖다 붙이는 이유가 아니다. 그것을 변명으로 삼는다고 해서 다른 사람을 납득시킬 수 있는 것도 아니요, 같은 이유로 독신 서약을 포기할 수도 있기 때문이다. 독신주의를 옹호하는 이들은 독신을 포기하는 이들을 보고 오늘날의 가톨릭에서 신앙이 약해지거나 사라지는 증거로 해석한다. 하지만 그와는 반대로 오히려 믿음의 순수성을 보여주는 증거로 볼 수도 있다. 사람들은 현재 교회가 말하는 독신의 사회적, 심리적, 미신적 동기를 꿰뚫어보며, 진정으로 그리스도적인 결혼 포기와는 맞지 않는다는 사실을 깨닫고 있다. 결혼 포기는 가난한 이들을 섬기는 일에 경제적으로 꼭 필요해서 하는 것이 아니다. 사제로 서품 받는 데 법적으로 필요한 조건도 아니며, 학문을 높이 쌓는 데 특별히 편리한 것도 아니다. 이런 동기로 독신을 택한 사람은 결국 자기가 원했던 가치와 적절한 만족을 얻는 데 실패하고 만다. 독신주의를 지킨다 해도 이제는 사회적 인정을 받을 수 없기 때문이다.

이전까지는 성적 금욕의 우월성을 입증하기 위해 심리학적 동기를 주로 내세우곤 했지만, 지금 그것을 곧이곧대로 받아들이는 사람은 거의 없다. 많은 독신자들이 이제는 그들이 애초에 결혼을 거부했던 이유가 상대에게 퇴짜를 맞아서인지, 결혼생활이 두려워서였는지, 준비가 덜 되어서였는지, 아니면 단순히 마음이 끌리지 않아서였는지를 잘 알고 있다. 그들은 이제 자신을 더 성숙하게 이해하게 되었다는 이유로, 아니면 애초의 생각이 잘못되었다는 것을 증명하기 위해 결혼을 선택한다. 더 이상 자신이 '신심'이 깊어서 부모의 자랑이 된 사람으로 생각하지 않으며, 정상에서 '탈락'해 버림받은 사람으로 여기지도 않는다.

비교종교학은 인류의 역사 전반에 걸쳐 발견되는 성적 절제의 수많은 이유를 밝혀냈다. 그 이유들을 압축하면 금욕적 동기와 마술적 동기, 신비적 동기일 것이다. 물론 이런 동기들도 자주 '종교적' 면모를 띤 게 사실이다. 그렇다고 해서 꼭 그리스도 신앙과 연결하기는 어렵다. 금욕적인 사람도 기도할 자유를 위해 결혼을 포기하며, 마술적 동기를 가진 사람도 자신을 희생시켜 가련한 중국인 꼬마를 구하려고 결혼을 포기한다. 또 신비적 동기를 가진 사람도 완전체(the All)와 합일을 이루기 위해 결혼을 포기한다. 하지만 현대인들은 성적 절제를 한다고 해서 신에게 더 다가가는 기도자가 되는 것도 아니고, 더 열성적인 이타주의자가 되는 것도 아니며, 은총을 더 받는 것도 아님을 알고 있다.

현대의 그리스도인들은 결혼과 아이를 포기하고 하느님의 왕국을 위해 헌신하는 일에 대해 추상적이든 구체적이든 무슨 이유를 붙이려 하지 않는다. 그의 선택은 순전히 신앙에 명운을 건 행위이며, 자신의 마음에서 일어난 내밀하고도 신비로운 체험의 결과이다. 그리스도인이면 누구나 죽음의 순간에 체험하기를 염원하는 절대적 가난을 '지금' 겪으며 살겠다는 선택이다. 그렇다고 그의 삶 자체가 신의 초월성을 증명하는 것은 아니다. 그보다는 자신의 전 존재로서 신에 대한 믿음을 표시하는 것이다. 배우자를 갖지 않겠다는 결단은 그 누구보다 자신의 배우자를 사랑하겠다는 결심만큼이나 사적이면서도 타인과 나눌 수 없는 선택인 것이다.

수도회와 독신 서원

교회는 지금까지 개인의 복음적 능력을 통제하기 위해 두 가지 장치를 발전시켰다. 하나는 사회적, 법적 제도인 수도회이고, 다른 하나는 서원(誓願) 의식이다. 수도회는 구성원에게 성덕을 쌓겠다는 그들의 서약을 더 심화해줄 공동체 조직을 제공함으로써, 그들 스스로 상급자가 통제하는 인력으로 쓰이게 한다. 수도회에서는 이렇게 포획한 인력을 가지고 지금까지 자선사업이나 영리사업을 벌일 수 있었다. 하지만 요즘 벌어지는 현상을 보면, 이런 기능을 하는 수도회야말로 본당이나 교구나 교황청 조직보다 훨씬 빨리 사라질 것 같다. 점점 더 많은 수도자가 자신의 소명을 위해 사회의 일자리를 찾아 떠나기 때문이다.

독신으로 복음적 삶을 살기 원하는 그리스도인은 제도화된 법적 공동체—설사 그게 세속의 조직이라 할지라도—에 들어갈 할 이유를 느끼지 못한다. 오히려 같은 생각을 가진 사람끼리 일시적이든 영구적이든 함께 모여, 그들 모두의 힘겨운 영적 모험을 위해 서로 도움을 나누는 편이 더 낫다고 느낀다. 현재 남은 수도회들은 결국 피정의 집이나 영성훈련센터, 수련원, 아니면 옛날의 사막의 용도처럼 집중 기도를 위한 시설로 명맥을 유지할 것이다. 수도회는 기독교적 청빈과 증언을 실천하려는 사람들에게 다가서겠다며 짧은 치마길이를 승인하고, 기도 일과를 바꾸고, 시범적 사회활동을 벌이는 식으로 임박한 종말을 율법 완화로 해결하려 한다. 아마도 이렇게 눈에 보이는 부분만 법적으로 완화해도 죽어가는 조직에 몸담은 사람들의 고통이 줄긴 할 것이다. 고통스런 종말에 이를 때까지 편히 지내기는 할 것이다.

기존의 법적 공동체를 유지하기 위해 전통적으로 내세웠던 이유가 사라짐에 따라, 교회는 지금 종신서원을 받아들일 또 다른 수단을 강구하는 모양이다. 전통적으로 교회는 사적(私的) 서원의 가능성을 인정해왔다. 따라서 앞으로는 법적 의미로만 서원을 이해하는 일도 점차 줄어들 것이다. 서원에 따라 산다는 의미가 꼭 성직자 체제에 들어간다는 것이 아니라 세속사회에서 결혼하지 않은 채 산다는 뜻으로 바뀌면, 서원을 기쁘게 승인한다는 표식도 서원자에게 법적 의무를 알려주는 제도적 절차보다는 전례를 통해 그 신비적 사실을 축하하는 의식이 더 어울릴 것이다. 서원의 공식적이고 엄숙하며 구속적인 성격이 갈수록 약해지면서 이제는 교회도 그 방향을 따라 가는 중이다. 오늘날에는 어떤 수도자든지 서원을 지킬 의사가 없다고 진술하면 곧바로 의무를 면제받을 수 있다. 서원의 의미도 과거에는 자신의 권리를 전적으로 포기하겠다는 선언이었지만, 지금은 조건부 의사를 공적으로 표명하는 행위쯤으로 여긴다. 요즘 수도자들은 자신이 현재 독신이며 앞으로도 결혼하지 않겠다는—물론 변심하지 않는 한에서—얘기를 야단스레 떠들곤 한다. 수도자 신분(state)이 이제는 수도자 연기(stage)로 변해가고 있는 것이다. 이런 혼탁한 바리새인의 율법주의는 현실에 대한 슬픈 증거인지도 모른다.

　서원 의식은 서원자가 그리스도가 주신 특별한 소명과 권능을 진정으로 믿고 있음을 교회가 세상 앞에서 증언하는 의식이어야 한다. 따라서 오래도록 세속에서 포기의 삶을 살아온 예외적인 사람에게만 이 전례 의식을 허락해야 한다. 그렇게 할 때만 교회는 이 새로운 '수도승'의 믿음에 기꺼이 그리스도적 신비의 증언을 위탁하겠다는 뜻을 만인에게 보여줄 수 있을 것이다. 오직 그럴 때만이 그리스도인의 결혼과 독신 사이에 있는 실질적이며 긴밀한 유사성을 회복할 것이다. 또한 그럴 때만이 결혼과 독신서원이라는 두 성사 모두, 그리스도인으로서 현실 사회 안에서 서약을 지키며 사는 것의 깊고도 총체적인 의미를 온전히 깨닫는 데 대한 축하가 될 것이다.

교회법에 묶인 독신주의

교회의 생각 있는 많은 이들이 독신과 사제직을 왜 결부시키는지 의문을 갖고 있다. 교황은 두 가지가 연결되어 있다고 주장한다. 하지만 교리나 전통을 아무리 들춰봐도 교황의 입장을 명확하게 뒷받침하는 근거는 어디에도 없다. 만일 우리 세대 안에 새로운 목회 형태를 가진 교회가 생긴다면, 그것은 아마도 교황의 지시를 충실히 따랐기 때문일 것이다. 그의 입장이야말로 성직자 체제가 급속히 붕괴하도록 돕는 것이기 때문이다.

성직에 지원하는 이가 줄고 이탈하는 이가 늘어나는 추세를 막으려고 교회는 지금 여러 해결방안을 제시하는 중이다. 예컨대 사제의 결혼을 허용하거나, 수녀와 평신도에게 사목 임무를 맡기거나, 성직자 지원 캠페인을 좀 더 세련되게 벌이거나, 기존 성직자를 전 세계에 재배치하려고 한다. 하지만 이런 해결책은 모두 죽어가는 체제를 잠시 회춘시키는 것에 불과한 소심한 시도일 뿐이다.

적어도 지금 세대까지는 결혼한 사람을 사제직에 서품하는 방안을 고려할 필요가 없다. 아직은 독신 사제가 충분하기 때문이다. 기혼자를 사제 서품하면 오히려 실질적인 사목 개혁이 지체될 수 있다. 그런데도 이 방안을 고려하는 데는 더 미묘한 이유가 있다. 수천 명의 사제가 이미 독신주의를 거부하고 있으며, 오래도록 성적 금욕을 지켜온 사람들이 뒤늦게 결혼이라는 위험천만한 일에 더듬더듬 발을 내딛는 가슴 아픈 광경을 보여주고 있기 때문이다. 교회는 이런 사람들을 비밀리에, 무작위로, 서투르게 관면해주고 있다. 하지만 관면을 해주고도 사제직은 더 이상 수행하지 못하게 한다. 결혼을 선택했다고 해서 사제직을 수행할 수 없는 것도 아닌데, 그들 스스로 선례가 되고 싶어 하지 않는다는 이유에서다. 아마도 그들과 같은 고민을 하는 사람들은 제쳐두고 하는 얘기일 것이다.

지금 정말로 필요한 건 교회가 사제에게 결혼을 허락하는 이유를 명확히 밝히고 선택을 자유롭게 해주는 일이다. 나아가 모두가 알아야 할 점은, 교회의 높은 분들이 '전직 사제들'에게 지금까지 보장받은 신분과 역할을 포기하라고 요구한다는 사실이다. 그렇게 요구한다 해도 여전히 주교가 사제를 붙잡기는 어렵 겠지만, 사제도 자신의 결정에 따르는 대가를 감수하지 않고는 밖으로 벗어나기 힘들 것이다. 현재의 성직 체제를 유지하는 한 성직자의 대규모 탈출 행렬은 계속 이어질 것이다. 이런 시기에 섣불리 기혼자를 서품하면 참담한 결과만 벌어질 것이다. 그에 따른 혼란 때문에 근본적 차원의 개혁만 늦어지고 말 것이다.

오늘날 점점 많은 사람이 독신 법을 핑계로 교회를 떠나는 근 본 이유는 교회 안에서 미래를 약속해주지도 않고, 어떤 근본적 개혁을 요구해도 조금도 끄떡하지 않는 제도 때문이다. 이런 총 체적 난국은 다름 아닌 신학 교육의 위기에서 비롯된 것이다. 따라서 우리는 이제 교회의 사제 교육에 있는 전반적인 문제점 을 깊이 들여다봐야 한다.

4. 성직과 신학 교육

교회는 16세기 트리엔트 공의회 이후 줄곧 산하의 전문 교육 기관에서 성직자를 교육하고 양성했다. 그렇게 교육받은 사제 가 개인의 결행으로 조직화된 성직자 생활을 계속하길 바랐다. 교회는 이처럼 생애 내내 사제를 훈련하면서 엄격히 통제된 삶 을 살게 했다. 하지만 선량한 젊은이를 대거 모집해, 여전히 바 티칸 공의회가 규정한 성직자 틀에 맞춰 살게 하는 일은 머잖아

부도덕한 짓이 될 것이다. 조만간 사라질 직업에 사람들을 준비 시키는 짓은 당장 보아도 대단히 무책임해 보인다.

그렇다고 기독교 성직을 수행하는데 지적 소양이 부족해도 된다는 뜻은 아니다. 하지만 지적 소양은 더 훌륭하고 보편적인 기독교 교육의 바탕 위에서만 자랄 수 있다. 문제는 지금 기독 교 교육이라는 용어에 머리가 어지러울 만큼 의미가 많다 보니 정확한 의미가 사라졌다는 점이다. 이제는 용어를 다시 정의해 야 한다. 사실 기독교에만 인격적 성숙이니, 신학적 정확성이니, 묵상 기도니, 영웅적 선행이 있는 게 아니다. 무신론자도 성숙한 인격을 가질 수 있고, 비가톨릭인도 신학적으로 정확한 지식을 가질 수 있으며, 불교도나 신비주의자, 이교도 역시 영웅적 헌신 을 할 수 있다. 그러나 기독교 교육에서만 할 수 있는 고유한 가 르침이 있다. 그것은 '센수스 에클레시아이'(Sensus Ecclesiae) 곧 '교회적 감각'이다. 이 감각을 지닌 사람은 교회의 살아있는 가 르침에 자신의 뿌리를 두고, 믿음이 주는 풍부한 창의성을 삶에 서 발휘하며, 성령의 은혜로 자신을 표현한다.

이러한 '교회적 감각'은 믿을 만한 기독교 전통 문헌들을 읽 고, 오래도록 성찬식에 참여하면서, 남다른 삶의 방식을 지킬 때 얻을 수 있다. 교회적 감각은 그리스도에 대한 체험에서 얻는 결실이며, 기도자의 진정한 깊이를 보여주는 척도이다. 또한 그 것은 지성의 빛과 의지의 시험을 거쳐 신앙을 충실한 내용으로 채울 때 나타나는 것이다. 부제나 사제직을 수행할 사람을 뽑을 때 우리는 그 사람의 내면에 이 '감각'이 있는지 살펴야 한다. 신학 자격증은 있는지, 세속으로부터 은둔한 시간이 얼마나 되는지가 아니다. 대중을 가르칠 전문적 능력보다는 그리스도 공동체를 조율해 나갈 예언자적 겸허함을 살펴보아야 한다.

나는 매주 전례를 치르기 위해 준비하는 독서가 전문적인 신학 연구보다 성직자 훈련에 더 좋은 방법이라고 생각한다. 그렇다고 엄밀한 신학 연구의 중요성을 깎아내리려는 것은 아니다. 단지 신학을 제자리에 갖다 놓고 싶을 뿐이다. 궁극적으로 신학의 기능은 오늘날에 맞게 그리스도의 진술을 명확히 밝히거나, 계시된 진리에 그 진술이 충실한지 검증하는 일이다. 계시된 진리를 오늘에 맞게 표현하는 능력은 교회의 신앙 수준을 보여주는 것이기도 하다. 따라서 신학이 하는 기능은 문예비평에 비유할 수 있다. 반면, '렉시오 디비나'[19] 곧 '거룩한 독서'는 문학 그 자체를 음미하는 것과 비슷하다. 신학은 믿음을 검증하지만, 영적인 독서는 그 믿음을 자라게 한다. 사회과학이 현대 사회의 문제에 맞춰 복잡하고 전문화되는 것처럼, 그리스도 공동체의 신앙도 믿음을 새로운 언어로 얼마나 잘 표현하느냐에 달려 있

---

19 lectio divina. '거룩한 독서' 또는 '성독서'(聖讀書)로 번역하며, 기도와 묵상에 가까운 방식으로 온 마음을 다해 성서를 읽음으로써 궁극적으로 하느님과 관상적 일치를 이루는 독서법을 말한다.

다. 다시 말해 한 번도 복음의 빛으로 밝힌 적이 없는 시대에 사는 그리스도인들에게 믿음을 어떻게 전하느냐의 문제인 것이다. 교회는 어린아이처럼 순수한 믿음과 지적으로 깊이 있는 신학을 가짐으로써 성장할 것이다.

앞으로는 지금 '신학'이라 부르는 거의 모든 학문이 교회의 독점적 지배에서 벗어날 것이다. 신학교 과정에서 가르치는 주제 대부분은 이미 세속 대학이 능숙하게 다루는 것들이다. 신학교가 문을 닫으면 모든 분야에 만능인 신학자도 사라질 것이다. 앞으로 신학 연구는 전 분야에 대한 직업적 연구보다는 세분화된 탐구와 교육을 지향할 것이다. '교회적 감각'을 지닌 기독교인 교수가 학생들을 성서와 교회를 일치시키는 방향으로 연구하도 이끌 것이다. 이 과제는 지금의 교회가 제공하는 신학 과정으로는 결코 달성할 수 없는 것이다.

이렇게 되면 신학을 공부하려는 사람도 늘어날 것이다. 대학원생 신자라면 매주 열리는 소규모 예배에 좀 더 적극적으로 참여하려는 마음에서, 체계적으로 신학 문헌을 읽고 연구를 하는 등 지적 분석능력을 키울 것이다. 사회적으로 여가 시간이 증가하는 추세이므로 충분히 그럴 만한 시간을 가질 수 있을 것이다. 이처럼 수년 간 신학을 연구하고 전례에 참여하면서 금욕주의를 익히고 성적 절제로 나아간 사람이면, 주교 감독체제에도 다른 사람보다 더 잘 적응할 것이다. 그리고 그리스도 공동체도 그의 사제 자질에 대해 머뭇거리거나 판단 실수를 할 일이 없을 것이다.

앞으로는 낙태에 관한 교서(敎書)나 사회정의를 옹호하는 회칙(回勅) 등으로 교회의 교육 기능을 드러내는 일도 점차 사라질 것이다. 교회는 계시된 말씀에서 새로운 믿음과 권능을 찾으려 할 것이다. 말씀을 중심에 둔 친밀하고도 활기찬 예배를 통해 신자들을 가르칠 것이다. 이런 즐거운 예식으로 작은 그리스도 공동체들이 성장해나갈 것이다.

사람들이 성령을 믿는 것은 교회를 끊임없이 새롭게 창조해가는 능력 때문이다. 성령은 그리스도 성찬식이 열릴 때마다 새롭게 나타나 사람들 마음속에 하느님 왕국이 살아있음을 느끼게 해준다. 부제가 여는 작은 모임이건 주교가 주관하는 전체 모임이건, 그리스도의 성찬 모임을 통해 교회 **전체**, 인간성 전체가 새로 태어난다. 그렇게 하여 교회는 그리스도의 신앙이란 다름 아닌 사랑의 **인격적** 의미―모든 사람이 축복해 마지않는 그런 사랑―를 끊임없이 기쁘게 드러내는 것임을 뚜렷이 보여줄 것이다.

제7장

권력을 버린 교회

≷

The Powerless Church

1967년 4월, 성공회의 사회실천 담당 국장들이 연 자문회의에 초청을 받아 참석한 적이 있다. 그날 회의 테이블에는 여러 가지 사회적 의제가 올라왔는데, 의제마다 의견이 분분했다. 그 회의에서 내가 받은 인상은, 각 사안마다 가장 교회다운 입장이 무엇인지 애써 결정하려는 회합 같았다. 그게 어려우면 다른 것보다 약간이라도 더 교회다운 것을 고르려는 것처럼 보였다. 이 회합에서 내가 한 일 가운데 하나가 다음의 강연이다. 강연 주제는 사회 변화와 발전에서 교회가 맡아야 할 역할이었다.

•

오늘 제 발표 주제는 오직 교회만이 발전의 온전한 의미를 우리에게 '계시'해줄 수 있다는 것입니다. 이 임무를 수행하려면 교회가 발전의 방향을 정하고 주도권을 행사하는 데서 무력해지고 있다는 사실을 먼저 인정해야만 합니다. 교회가 권력에서 무력할수록 신비의 사제로서는 더 유능해질 수 있습니다.

이런 말을 들으면 고위 성직자나 그들을 반대하는 사제나 모두 분개할 것입니다. 가난한 이들에 대한 지원을 늘린다는 이유로 헌금을 정당화하려는 고위층이나, 로만칼라를 대중 선동을 위한 깃발로 쓰려는 사제들이나 다 같이 분노를 표할 겁니다. 이들은 모두 교회가 벌이는 사회봉사로 먹고사는 사람들이기 때문입니다. 하지만 양쪽 다 제게는 '복음 선포'라는 교회 고유의 역할을 방해하는 걸림돌을 상징할 뿐입니다.

교회의 고유한 역할이란 다른 기관에서는 생각하지 못하는 발전에 도움을 주는 것입니다. 저는 이런 기여야말로 그리스도에 대한 신앙이라고 생각합니다. 발전 개념에 그리스도 신앙을 적용하는 까닭은, 인류의 발전이 교회 안에 이미 들어와 계신 그리스도, 곧 하느님의 왕국을 실현하는 방향으로 나아간다는 것을 보여주기 위해서입니다. 교회는 현대인들에게 그리스도를 향한 성장이야말로 발전이라고 해설해주어야 합니다. 기도를 통해 이 신비를 묵상하도록 인도하고, 성찬 예식을 통해 이 사실을 찬미하도록 이끌어야 합니다.

오늘날 교회가 맡아야 할 고유 임무는 **변화의 경험을 기독교적 방식으로 축복**하는 일입니다. 이 사명을 완수하려면 교회가 현재 가진 '선행을 베풀 권력'을 조금씩 포기해야 합니다. 그리고 새로운 제도에 그 권력을 넘겨야 합니다. 여기서 새로운 제도란 사람들이 자발적으로 참여하고 언제나 논쟁을 벌일 수 있는 그런 세속 종교를 말합니다. 권력의 포기가 무엇이고 세속 종교의 성장이 무엇인지는 다시 설명하겠습니다. 여기서는 먼저 변화를 축복한다는 말이 무엇인지 말씀드리겠습니다.

변화는 인간의 마음으로 온다

우리 현대인은 더 이상 고정된 틀에 갇혀서 살지 않습니다. 모든 분야에 걸쳐 나타나는 변화는 이 시대 사람이면 누구나 경험합니다. 다른 시대에 그런 변화가 일어났더라면 사람들은 큰 충격을 받았을 것입니다. 이런 변화는 과거에는 드물게 경험하는 일이었지만, 지금은 형태도 다양하게 추방, 이주, 투옥, 해외 파견, 교육, 입원 등 여러 가지로 경험합니다. 전통적으로 이런 변화는 인간의 감정과 개념을 규정하던 환경이 갑자기 사라져버린 것을 의미했습니다. 하지만 현대 기술사회에서는 모든 개인이 생애 내내 경험하는 과정입니다.

저는 쿠에르나바카에 센터를 설립하여 자기 내면에 일어난 변화를 다른 사람과 나누는 훈련을 실시했습니다. 한 사람에게 익숙한 환경이 그동안 받들던 상징과 함께 어느 날 사라지면, 그 사람의 내면에는 무슨 일이 벌어질까요? 자기 삶의 물줄기를 이어가게 해주던 언어들이 그간 가졌던 의미를 상실해버리면 어떻게 될까요?

산골 원주민이 갑자기 공장에 다녀야 할 때 그의 심정은 어떨

까요? 시카고 선교사가 갑자기 볼리비아 산악지대에 파견된 후 자신이 온 이유가 베트남전에 투하된 네이팜탄을 덮기 위해서라는 걸 알았을 때, 그가 느낄 번민은 무엇일까요? 수녀가 어쩔 수 없이 수녀원을 떠나야 할 때 그녀의 심정이 어떠할까요? 이 질문들은 예리한 만큼 답하기도 어렵습니다. 저마다 가슴 속에 다 다른 답이 들어있기 때문입니다.

이 개인 또는 저 사회집단에게 사회 변화는 어떤 위협과 도전으로 다가올까요? 이미 일어나는 변화에 대해 개인은 어떤 마음으로, 집단은 어떤 정서로 반응할까요? 변화를 이렇게 위협과 도전의 관점에서 말하는 이유는 그만큼 변화에 대해 애매하고 복잡한 반응들이 있기 때문입니다. 어떤 사람은 변화를 겪으며 새로운 통찰을 얻고 새로운 시야가 열려서 마침내 또 다른 선택이 가능하다는 걸 깨달을 수도 있습니다. 그래서 발전이 부활로 이어지는 구원의 출발점이 될 수도 있습니다. 어떤 사람은 혼란에 빠져 자기중심적으로 방어를 하다가 의존적이고 공격적인 성향이 될 수도 있습니다.

효율이니 안락함이니 풍요는 변화의 질을 가늠하는 기준이 될 수 없습니다. 변화의 객관적 가치를 판단할 수 있는 것은 오직 인간의 마음뿐입니다. 인간의 마음을 고려하지 않고 변화를 측정하는 모든 시도는 사악하거나 순진한 것입니다. 발전이란 자로 잴 수 있는 게 아니라 경험으로만 측정할 수 있는 것이기

146

때문입니다. 또한 발전에 대한 이런 경험은 책상 위에서 연구한다고 얻을 수 있는 게 아닙니다. 그보다는 서로 공유하는 경험을 축복해줌으로써, 곧 대화와 논쟁, 연극과 시 같은 창조적인 활동을 통한 자아실현을 축복하는 가운데서 얻을 수 있는 것입니다.

교회가 변화를 대하는 방식

교회는 이처럼 삶의 경험 속에 초월적 의미가 깃들어 있다는 걸 발견하라고 가르칩니다. 교회가 성찬식을 통해 가르쳐주는 것이 이것입니다. 발전의 복잡다단함과 분화로 인해 생겨난 상호 연대의식, 바로 그 속에 그리스도가 거하심을 깨닫게 해줍니다. 또한 교회는 우리의 죄가 각자의 책임이라고 가르쳐줍니다. 의타심과 외로움과 탐심이 갈수록 커지는 것은 갖가지 물건과 제도와 영웅에 빠져 자신을 소외시킨 결과입니다. 교회는 성공에 안주하는 대신 더 가난한 삶을 살라고 요구합니다. 우상들에 자신을 빼앗기지 말고 사랑과 순결로 자신을 채우라고, 타인을 예단하기 전에 먼저 신뢰하라고 요구합니다.

따라서 교회는 변화의 방향을 제시하지도 않으며, 변화에 대응하는 법을 가르치지도 않습니다. 그보다는 믿음의 새로운 차원의 열어 초월적 인간애를 보편적으로 경험할 수 있다는 걸 보여줍니다. 모든 사람은 삶에서 경험을 얻습니다. 특히 그리스도 인은 그러한 삶에 깊은 의미가 있음을 믿는 사람입니다.

교회가 복음을 전파하여 세상에 기여하는 방식은 농담 속에 웃음을 숨겨두는 것과도 같습니다. 두 사람이 같이 들어도 한 사람만 이야기를 알아듣는 것과 비슷합니다. 시인만이 간파할 수 있는 시구 속의 리듬과도 비슷합니다.

지금까지 이어온 발전의 흐름에서 새로운 시대를 열려면, 교회는 변화를 누리기만 해서는 안 되며 애써 변화를 일으켜야 합니다. 그렇다면 새로운 시대를 구상함에 있어 교회는 어떤 임무를 맡아야 할까요? 교회가 할 일은 다가오는 시대를 축복함으로써 그 시간을 앞당기는 일입니다. 새 시대의 모습을 손수 설계하는 일은 교회가 할 임무가 아닙니다. 교회는 그 유혹을 물리쳐야 합니다. 그러지 않으면 다가올 시대에 깃든 경이로우며 놀라운 의미를 찬미할 수 없습니다.

미래는 이미 현재 속에 들어와 있습니다. 우리는 저마다 여러 시간대를 동시에 살아갑니다. 나의 현재는 누군가에게는 과거이며, 다른 누군가에게는 미래이기 때문입니다. 우리는 미래가 이미 존재하며, 그것을 축복할 때 비로소 그 미래를 공유할 수 있다는 사실을 깨달으며 살도록 태어났습니다. 변화란 그것을 몸소 살아낼 때만이 일으킬 수 있습니다. 인간다움(humanity)으로 가는 그 길은 계획으로 만들 수 있는 것이 아닙니다. 개인이

건 집단이건 각자의 삶과 일에서 자신이 이루려는 시대의 본보기가 되어야 합니다. 그런 본보기들이 다양하게 출현할 때 우리는 비로소 우리를 필요로 하는 사람들과 더불어 변화를 창조적으로 맞이하는 축하의 장을 열 것입니다.

교회가 먼저 자신의 깊이를 밝힘으로써 용기를 가지고 우리를 축복으로 인도할 수 있어야 합니다. 현재 안에서 미래를 실현하고 장차 다가올 삶의 본보기로 사는 사람이 있는 곳이면 어디에나 성령이 깃들어있다는 걸 교회가 보여주게 합시다. 교회가 먼저 이 무대의 '어머니이자 스승'[20]으로서 자신의 아름다움을 드러내게 합시다. 우리가 변화의 삶을 사는 이유는 유용성 때문이 아니라 삶을 풍요롭고 기쁘게 만들기 위해서라는 걸 교회가 가르치게 합시다.

권력을 버리고 물러날 때

변화를 깨달은 사람이면 변화로 얻은 혜택을 공유하려는 책임의식도 그만큼 클 수밖에 없습니다. 그래서 변화에서 깨달음을 얻은 사람은 단순히 찬미에 머물지 않고 행동으로 나아갑니다. 그동안 고통과 환상에서 벗어나지 못하게 가로막았던 장애

---

[20] Mater et Magistra. 현대의 사회적 문제들에 대한 교황 요한 23세의 회칙(1963년)에서 따온 말.

물을 걷어냅니다.

'사회 변화'는 대개 ①사회 구조, ②형식으로 굳어진 가치, ③ 사회 성격, 이 세 가지의 변화를 의미합니다. 이 세 요소는 인간의 독창성과 창의력을 억압하므로, 그것들을 굴레로 경험한 사람이라면 이 억압에 맞서 행동할 책임이 있습니다. 사람들은 사회 변화에 대해 다음 세 가지로 반응을 보이곤 합니다.

1. 사회 구조를 재편하려고 하면 마치 전복이나 혁명이라도 일어나는 듯 생각합니다.
2. 기존 구조를 정당화하는 대중 조작에서 벗어나려고 시도하면, 사회 이념을 조롱하려는 의도가 있다거나 불경하다고 생각합니다. 또는 사람을 가르치려 한다고 여깁니다.
3. 새로운 '사회 성격'이 등장할 것 같으면, 대다수가 걷잡을 수 없는 혼란과 분노에 휩싸입니다.

역사적으로 교회는 사회 변화를 만들어내는 일에 부단히 참여해왔습니다. 어떤 때는 보수세력이었고, 어떤 때는 진보세력이었습니다. 정부를 축복하기도 했고, 저주하기도 했습니다. 체제를 옹호하기도 했으며, 타락했다고 비난하기도 했습니다. 근검절약 같은 부르주아 가치를 장려하기도 했으며, 배척하기도 했습니다.

이제는 조직의 이름으로 거머쥐었던 특수한 사회 주도권을 포기할 때입니다. 교황의 본보기를 따릅시다. 교회의 가르침으로 보기에는 너무 시류를 따르는 발언이더라도 성직자에게 그 발언을 허용해주는 용기를 가집시다. 주도권을 놓는 일은 몹시 고통스러운 일입니다. 이유는 다른 데 있지 않습니다. 교회가 아직도 너무 많은 권력을 갖고 있기 때문입니다. 그 권력을 종종 나쁜 일에 이용하기도 했습니다. 그럼에도 여전히 권력이 있어야 잘못을 바로잡는 데 쓸 수 있지 않느냐고 주장하는 이들이 있습니다.

가령 라틴아메리카 교회가 기초교육, 노동자 조직화, 기업 홍보, 정치적 지향 등의 영역에서 지금까지 축적한 권력을 더 이상 사용하지 않는다고 해봅시다. 교회는 당장 안팎의 비판에 직면할 것입니다. 밖에서는 권력 공백 상태를 만들었다고 비판할 것이고, 안에서는 "다른 기관도 아니고 교회가 권력을 가진다는데, 교회만큼 권력 남용에 자기비판적인 곳이 어디 있다고!"라며 비판할 것입니다. 반면에 교회가 지금까지 쌓은 권력 기반—예컨대 교육 분야 등에서 쌓은 권력—을 계속 사용한다면, 교회의 고유한 사명에 깃든 특별한 의미를 영영 알아보지 못할 것입니다.

'시민종교'라는 생각

사회 혁신은 갈수록 복잡한 과정이 되고 있습니다. 혁신적으로 행동하려면 과거보다 훨씬 자주 도전에 대응하고 섬세하게 접근해야 합니다. 이런 혁신을 이루려면 자신의 경력마저 기꺼이 포기할 만큼 용기와 헌신성이 있어야 합니다. 앞으로 그런 행동을 수행할 사람들은 복음적 권위보다는 인본주의적 이상에 투철한 집단일 것이며, 따라서 교회가 맡을 일은 아니라고 믿습니다. 오늘날의 휴머니스트들은 복음이 유일한 기준이기를 원하지 않습니다. 반면에 그리스도인들은 인본주의적 대의로 벌이는 사회적 실천에서는 찾을 수 없는 경이의 차원을 복음에서 찾으려 합니다.

사회 행동가들이 바라는 것은 각자에 맞게 실행할 자유입니다. 형편이나 시기에 맞춰 목표와 전술, 전략의 우선순위를 선택할 자유입니다. 추구하는 사회적 목표가 같아도 서로 다른 그룹이 추진할 수 있습니다. 방법에 있어서 어떤 그룹은 폭력을, 어떤 그룹은 비폭력을 채택할 수 있습니다. 심지어 사회 행동가들은 필요에 따라 전술적인 적대자로 분열하기도 합니다. 하지만 철저하게 인본주의에 뿌리를 둔 이념적 교의(敎義)를 중심으로 사회 행동을 조직하면, 새로운 형태의 세속 교회를 만드는 강력한 촉매제 구실을 할 것입니다. 행동에서 일치를 이루는 세계교회(ecumenism)는 모두에게 공통된 근본적 신념이 있을 때 탄생합니다.

교의를 사회 이념으로 삼는다는 말은 세속 종교 곧 '시민 종교'가 태동함을 의미합니다. 이 개념을 중심으로 사회 행동을 조직한다면, 교회 역시 오래된 난제로부터 벗어날 수 있습니다. 교회는 지금까지 논란이 분분한 자선활동에 힘을 기울이다 보니 믿음을 찬미하는 일에서는 오히려 일체성을 위협받았습니다.

그리스도인은 그동안 시간의 가속화로부터 깊은 영향을 받아왔습니다. 매일매일 변화와 발전, 성장에 반응하다 보니 변하지 않는 것이 오히려 특별한 일이 되었습니다. 과거에는 세속의 왕과 교회 성직자가 양 극단을 이루고 있었습니다. 성과 속, 교회적인 것과 세속적인 것은 극을 이루었습니다. 그래서 한 쪽이 다른 쪽에 미치는 영향에 대해서도 뭔가 말할 게 있었습니다.

하지만 우리는 지금 인간의 삶을 이끌던 힘이었던 이념과 신조, 종교의 속박에서 인간을 해방시키려는 긴 투쟁의 끝머리에 서 있습니다. 신의 초월성이 인간으로 육화된 사건 곧 '성육신'의 의미에 대해서도 좀 더 폭넓은 자각이 일고 있습니다. 그것은 삶의 경험에 대해 "예"라는 위대한 긍정을 할 수 있는 능력이 우리 모두에게 있다는 자각입니다.

물론 새로운 극단도 나타나고 있습니다. 우리는 이제 사물을 조작하는 것과 인간을 대하는 것 사이의 차이를 매일매일 주의 깊게 의식하며 살아야 합니다. 유용한 것들과 달리 바보 같은 것들에게만 있는, 목적이 뚜렷한 것들과 달리 이유 없는 것들에게만 있는, 합리적인 계획과 달리 우연한 것들에게만 있는, 그런 자율성을 긍정하게 되었습니다. 독창적 해법들에서 나오는 창의성이야말로 자율적 힘을 갖는다는 걸 깨달은 것입니다.

목적에 맞게 계획한 창조적 해법으로 당면한 사회 문제를 풀어나가려면, 한동안은 이데올로기적인 합리화가 필요할지도 모릅니다. 일부러라도 세속의 이념에 그 일을 맡깁시다. 저는 아무런 의도 없이 여러분과 함께 이런 저의 믿음을 기리고 싶습니다.

제8장

학교교육은 필요한가?

The Futility of Schooling

미국 인구의 3분의 1에 해당하는 부유층이 누리는
수준으로 모든 시민이 학교교육을 받게 하려면, 현재
초중등 교육에 들어가는 비용 370억 달러에 매년 400억
달러를 추가해야 할 것이다. 이 액수는 지금까지 베트남
전쟁에 들인 비용을 웃돈다. 미국이 이런 규모로 교육
보상을 해줄 만큼 부자가 아닌 것은 분명하다. 모든
시민이 같은 햇수만큼 학교에 다닐 수 있게 공평한 교육
기회를 제공하겠다는 목표는 사실상 실현 불가능한
셈이다. 그런데도 이 목표에 조금이나마 의문을
제기하려면, 정치적으로 공정하지 못하다거나 지성이
의심스럽다는 비난을 각오해야 한다.

한 사람의 환상은 다른 사람의 망상에 비추어 볼 때 가장
잘 보이는 법이다. 제3세계에서 학교교육이 과연 쓸모
있는지 의문을 던지는 이 글은 1968년 잡지기사로
발표한 것이다. 전 세계에 존재하는 교육기관들이
쓸모가 있는지 이해하는 데도 도움이 되었으면 한다.

●

20여 년 동안 라틴아메리카의 발전에 관한 논의는 늘 인구통계학적 시각에서 이루어졌다. 1950년 멕시코에서 칠레에 이르는 지역의 인구는 2억이었는데, 이들 중 1억 2천만 명이 직간접적으로 원시 농업에 의존해 살고 있었다. 효과적인 인구 조절에 성공하고 농업생산량 증대 계획이 최상의 결과를 거둔다면, 1985년 즈음에는 인구가 3억 6천만으로 불어나고 이 가운데 4천만 명이 인구 전체가 먹을 식량 대부분을 생산할 것이다. 그렇게 되면 나머지 3억 2천만 명은 경제 주변부로 밀려나거나, 도시 서민으로 살면서 산업생산에 종사할 것이다.

최근 20년 동안 라틴아메리카 정부와 해외 원조기관은 초급학교, 실업학교 및 인문계 고등학교 등의 수용능력을 활용해 대도시 판자촌과 자급농장 주변에 살던 대다수 비농업 인구를 현대 기술에 부합하는 공장이나 시장, 광장으로 끌어들이려 했다. 비록 만성적인 부족에 시달리는 경제이지만, 언젠가는 학교교육으로 고도로 산업화된 나라들처럼 광범위한 중산층을 만들 수 있을 거라고 가정했기 때문이다.

지금까지 누적된 증거를 보면, 학교교육은 기대했던 결과를 거두지 못했고 거둘 수도 없었다. 몇 년 전 남북아메리카 정부들이 결성한 '진보를 위한 동맹'은 실제로는 라틴 국가들의 기존 중산층을 더 상승시키는 데만 공헌했을 뿐이다. 대부분의 나라에서 이 동맹은 기존의 폐쇄적이고 봉건적이며 세습된 엘리트들이 차지하던 자리를 이른바 '능력 중심의'(meritocratic) 소수에게로 옮겨주었고, 그나마 학교를 끝까지 마칠 수 있는 사람에게만 기회를 열어주었다. 이 과정에서 도시의 프롤레타리아 계층은 전통적인 소작농 집단보다 몇 배나 높은 비율로 늘어났고 더 중요한 위치를 차지하게 되었다. 빈곤한 대다수와 교육받은 소수가 한층 분리되었고, 봉건제 하에서 하나로 묶여 있던 사회는 불평등한 두 계급으로 뚜렷이 갈라졌다.

이런 발전 하에서는 교육에 대한 연구도 어떻게 하면 학교 교과과정을 개선하고 저개발사회에서 흔히 접하는 환경에 학교를 맞출지에 초점을 맞춘다. 하지만 논리적으로 볼 때 학교교육을 개선하려는 노력을 멈출 것까지야 없겠지만, 학교제도 자체가 근거하는 가정에 대해서는 의문을 제기할 필요가 있을 듯하다. 즉 이들 신생국이 학교화하기 어렵다는 것, 그리고 학교교육이 보편교육의 필요성에 대한 적절한 해답이 아닐 수 있다는 가능성을 배제해서는 안 된다. 오늘날 우리가 아는 학교가 사라질 수도 있다는 미래의 시나리오를 생각하려면, 이런 통찰이 꼭 필요할 것이다.

학교가 갈라놓은 세계

점점 불어나는 도시 대중과 새로 나타난 엘리트 사이에 벌어진 사회적 격차는 처음 나타난 현상으로, 지금까지 라틴아메리카에서 볼 수 있던 전통적 형태의 차별과는 전혀 다른 것이다. 이 새로운 차별은 학교교육으로 극복할 수 있는 일시적인 차별이 아니다. 오히려 정반대다. 나는 대중이 좌절을 겪는 이유 중 하나가 '자유주의 신화'를 앞장서서 채택했기 때문이라고 생각한다. 즉 학교교육으로 사회를 확고하게 통합할 수 있다는 전제를 너무 믿은 것이다.

모든 시민을 학교 졸업장으로 결속하겠다는 이상은 현대 서구사회의 이념에서 빼놓을 수 없는 요소다. 라틴아메리카를 식민지로 만들면서 그 신화를 모든 나라에 똑같이 이식하지는 못했지만, 어느 나라에서나 중산층 관리직의 일원이 되기 위해서는 학교교육이 받는 것이 필수가 되었다. 독립 이래 라틴아메리카는 여러 차례 헌법 개정을 하면서 모든 시민에게 학교 문을 통과해 사회로 들어갈 권리—물론 가능성에 지나지 않을 수도 있지만—가 있다는 확신을 대륙 전체에 불어넣었다.

라틴아메리카는 다른 어느 지역보다도 교사가 '학교' 복음의 선교사로서 풀뿌리 민중의 지지를 얻기 쉬운 곳이다. 몇 년 전 국제 원조기금의 우선적 투자 분야로 라틴아메리카의 학교교육이 선정되었을 때만 해도 대다수가 이 결정을 기뻐했다. 실제로 지난 몇 년 간 국가 예산과 민간 투자 모두 교육 분야에 할당액을 늘렸다. 하지만 다시 들여다보면, 이 학교 체제는 넓게 벌어진 사회적 격차 위에 좁은 다리만 놓고 말았음을 알 수 있다. 학교는 중산층으로 가는 유일한 합법적 통로가 되어 정해지지 않은 길로 건너지 못하게 제한하는 역할을 해왔으며, 그 길에서 낙오한 이들은 자기 한계에 대한 수모를 감수하게 가르쳐왔다.

지금 하는 말을 미국인은 이해하기 어려울 것이다. 미국에서는 아직도 무상교육으로 모든 시민이 경제적 평등을 보장받고 사회활동에 실질적으로 참여할 수 있다는 19세기적 신념이 남아있기 때문이다. 학교교육으로 실제 그 기대에 부응하는 결과를 얻었는지는 확실치 않지만, 그 과정에서 학교가 지난 100년 전보다 훨씬 중요한 역할을 한 것은 분명하다. 19세기 중반만해도 미국에서 6년 교육과정을 마치면 특별히 교육을 많이 받은 젊은이라는 소리를 들었다. 학교 문턱에도 못 가보고 성공한 사람이 대다수인 사회에서 붉은 벽돌의 작은 학교건물은 사회평등으로 가는 효과적인 길이었다. 모두에게 열린 수년간의 학교생활은 양극의 계층을 하나로 묶는 역할을 했다. 학교교육을 받지 않은 채 권력과 돈을 얻은 사람은, 교육은 받았지만 그만큼 부자가 되지 못한 사람과 어느 정도는 동등한 대우를 받아들여야 했다.

하지만 컴퓨터, 텔레비전, 비행기가 등장하면서 상황이 급변했다. 오늘날 현대 기술의 한복판에 들어선 라틴아메리카에서는 예전 초급과정보다 3배의 교육 기간과 20배의 비용을 들인다 해도 같은 사회적 결과를 얻을 수 없을 것이다. 이제 초등학교 졸업장만 가지고는 펀치카드 작성이나 철도 수리 같은 일자리조차 얻기 힘들다. 오늘날 라틴아메리카에서 학교는 철도가 필요한 만큼만 있으면 된다. 대륙을 가로지르며 건설한 철도와 학교는 기존의 부유하고 안정된 나라들을 산업시대로 이끄는 데 기여한 게 사실이다. 철도와 학교는 조심스럽게 다루기만 하면 19세기가 물려준 무해한 유물로 남을 수 있을 것이다. 그러나 원시 농업에서 제트 시대로 곧바로 진입한 나라들에게는 두 가지 모두 적합하지 않다. 라틴아메리카로서는 시대에 뒤떨어진 이런 사회제도를 현대적 기술 발전의 한 가운데서 가지고 있을 여유가 없다.

오늘날 학교교육이 의미하는 것

물론 내가 말하는 '학교'는 사회적으로 조직한 모든 형태의 교육을 의미하지 않는다. 내가 사용하는 '학교'(school)나 '학교교육'(schooling)이란 말은 특정 형태의 아동 보호이며 사람들이 당연시하는 통과의례를 가리킨다. 우리는 학교라는 제도나 그것에 대한 신념이 산업국가의 성장 과정에서만 볼 수 있는 풍경이라는 사실을 놓치고 있다.

오늘날 '학교교육'이란 학생들이 1년 내내 의무적으로 똑같은 교실에서 작은 그룹별로 매일 여러 시간 수업을 듣는 걸 말한다. 모든 시민이 이 과정을 10년 내지 18년 동안 거쳐야 한다. 학교는 인생을 두 부분으로 나누는데, 갈수록 양쪽의 길이가 같아지고 있다. 또한 학교교육은 몇몇 제도가 그러하듯이, 다른 곳이라면 받아들이지 않을 사람들을 데려다가 보호 감독하는 일을 의미한다. 학교에서 그렇게 할 수 있는 이유는 그런 사람에게 봉사하기 위해 세워졌다는 단순한 사실 때문이다. 사람들은 학교가 길거리나 가정이나 생산 현장에서 남아도는 인구를 수용하는 곳처럼 여긴다. 교사에게는 어떤 인구 집단을 학교에 받아들일지 새로 기준을 정할 권한을 준다. 학교는 이런 제한을 가함으로써 노동수용소에서나 쓰는 경제적 잣대를 들고서 건강하고 생산적이며 독립적으로 살아갈 인간 존재들을 억누른다.

학교교육은 또한 그 자체 학교로 변한 사회의 모든 구성원에게 관례적 보증을 하는 절차를 가리킨다. 학교는 이미 성공이 보장된 사람을 선발하고는 그들에게 사회에 적합한 사람임을 표시하는 배지를 달아주고 가던 길을 계속 가게 한다. 학교교육이 사회의 일원임을 확인해주는 품질보증 과정이 되고나면, 이제 그 사람이 얼마나 사회에 적합한지 평가하는 기준은 그가 젊은 시절 공식 교육에 들인 시간과 돈이다. 물론 공인된 교과 과정을 통하지 않고 독립적으로 얻은 능력은 이 평가에서 제외

한다.

　라틴아메리카에서 근본적 교육 개혁에 착수하는 첫 걸음은 미국의 교육제도를 있는 그대로 보는 것이다. 2차 대전 이후에 만들어진 미국의 교육제도는 풍부한 상상력에서 나온 사회적 발명품이며, 역사적으로는 개척시대에 뿌리를 두고 있다. 하지만 기업, 정부, 군대와 함께 묶어 다른 지역에 이식하고 있는 '학교 시스템'은 독창적인 발명품이 전혀 아니다. 그것은 중세에 있었던 길드 중심의 도제제도나 스페인 선교사들이 멕시코와 파라과이 등에서 했던 인디오 교육(doctrina de los indios)이나 촌락 건설(reducción), 프랑스의 대학 준비학교인 리세(lycée)나 고등교육 기관인 그랑제콜(les grandes écoles)보다 더 독창적이랄 것도 없다.

　이 제도는 모두 이미 성취한 것을 공고히 하려고 그 사회가 만들어낸 것들이다. 제도는 사회에서 받드는 의례를 통해서 사회 전반에 깊이 뿌리 내린다. 다음에는 모든 것을 포괄하는 신념이나 종교, 이데올로기 체계로 합리화된다. 미국은 이런 점에서 높은 비용을 치르면서까지 전 세계 구석구석에 자기들의 교육제도를 수출하고자 한 최초의 나라가 아니다. 교리문답을 들고서 라틴아메리카를 식민화했던 이들이야말로 선구자로 기록될 만하다.

　현재 우리는 이런 제도에 너무 익숙해진 나머지 하나의 체제가 된 학교에 도전하기가 어렵다. 이 시대의 산업적 사고방식에는 모든 성과를 전문화된 제도나 기구의 산물로 정의하는 경향이 있기 때문이다. 국가 방위는 군대의 결과물이고, 내세의 구원은 교회가 있기 때문이며, 비네-시몽 지능검사법[21]으로 검사하는 것이 지능이라는 식이다. 그렇다면 교육 역시 학교의 산물로 생각하지 않을 이유가 없다. 이런 식으로 한번 꼬리표가 붙어버리면, 학교 밖에서 이뤄지는 교육은 뭔가 의심스럽고 불법적이며 신뢰할 수 없을 것 같은 인상이 박힌다.

학교제도는 이식 가능한가

여러 세대 동안 교육은 대규모 학교교육 방식을 근간으로 삼았다. 마치 대량 보복조치를 가해야만 국가 방위가 가능하고, 자가용차가 있어야만 이동이 가능해 보이는 것과 비슷하다. 미국이 그럴 수 있는 이유는 일찌감치 산업화를 이루었기 때문이지만, 비용이 아무리 들어도 수많은 학교와 전략공군사령부와 자가용차를 유지할 수 있을 만큼 부유한 덕분이기도 하다. 하지만 세계 국가들 대부분은 미국만큼 부유하지 않다. 그럼에도 마치 부자라도 되는 양 행동한다. 예컨대 브라질 같은 나라마저 그런

---

21 1905년 프랑스 심리학자 알프레드 비네(Alfred Binet)가 의학자인 테오도르 시몽(Theodore Simon)과 함께 고안한 최초의 지능검사법.

과제를 '해낸' 나라를 본보기 삼아 소수에게나 쓸모 있는 자가용차를 이상으로 쫓는다. 이런 본보기들 덕분에 페루 같은 나라는 단지 과시적 목적으로 미라지 폭격기에 예산을 낭비하고, 라틴아메리카의 정부들은 국가 예산의 5분의 2를 학교에 쏟아 붓는다. 그런데도 아무도 이의를 제기하지 않는다.

여기서 잠시 자가용차를 기본으로 하는 운송시스템과 학교체제가 얼마나 비슷한지 살펴보자. 집집마다 소유한 자동차는 한순간에 라틴아메리카의 이상이 되었다. 적어도 국가 정책을 결정하는 데 발언권을 가진 사람들은 그렇게 생각한다. 지난 20년 사이 개인용 자동차 운행에 필요한 도로, 주차시설, 편의서비스가 몰라보게 개선했다. 그러나 이런 개선으로 막대한 혜택을 보는 사람은 자가용차를 소유한 극소수 사람들뿐이다. 따라서 이런 식의 예산 편중은 대다수가 가장 편리하게 이용할 수 있는 운송시스템을 차별하는 것이나 마찬가지다. 지금까지 운송 분야에 막대한 자본 투자가 이루어진 것을 생각하면, 차별은 여기서 끝나야 한다. 이미 몇몇 나라에서는 왜 자가용차가 개발도상국에서조차 교통의 기본 단위가 되어야 하는지를 목소리 높여 묻는 이들이 생겼다. 반면에 라틴아메리카의 어느 나라든 학교 증설을 근본적으로 제한하자고 주장하면, 정치적 자살 행위가 될 것이다. 소수를 위한 초고속 도로망 건설이나 군사퍼레이드에나 쓸모 있는 무기 도입에는 반대표가 많이 나온다. 하지만 모든 아이에게 고등학교에 진학할 기회를 주자는데, 제 정신을 가지고 반대할 사람이 있을까?

그런데 문제는, 가난한 나라들이 이런 수준으로 보편교육을 실시할 수 있는 시점이 오기 전에 국가의 교육 역량이 먼저 바닥난다는 점이다. 모두가 자본이 축적된 작은 섬에 우연히 모여 살지 않는 한, 10년에서 12년 간 학교교육을 받는다는 것은 금세기 사람 85퍼센트에게는 여전히 다른 세상 이야기이다. 라틴아메리카 국가 가운데 어떤 연령층이든 초등학교를 6년 이상 다닌 사람이 27퍼센트를 넘는 나라는 없으며, 대학 졸업자는 1퍼센트를 넘지 못한다. 그럼에도 모든 정부가 예산의 18퍼센트 이상을 학교에 쓰며, 심지어 30퍼센트 넘게 쓰는 나라도 많다. 산업화에 성공한 사회가 정의한 기준대로 이들 나라가 보편교육을 실시하고자 한다면, 지금 가진 자원으로는 어림도 없을 것이다. 12세에서 24세까지 미국시민 1인에게 드는 연간 교육비용은 라틴아메리카 사람들 대부분이 2년에서 3년 동안 버는 액수에 맞먹는다.

학교제도는 앞으로도 개발도상국이 가진 것 이상의 자원을 요구할 것이다. 모두에게 12년의 학교교육을 실시하겠다는 현재의 실현 불가능한 계획은 중단할 수밖에 없을 것이다. 아무리 철저하게 인구를 조절하고, 정부 예산을 효율적으로 배분하고, 유례없는 규모로 해외 원조를 받아도 불가능하다. 왜냐하면 인구 조절책은 전 인구 수명이 열대아메리카 수준으로 짧아지지 않는 한 오랜 시간이 지나야 효과를 볼 수 있고, 학교교육에 투자할 수 있는 전 세계 자원에도 한계가 있어서 일정 비율을 넘어설 수 없으며, 예측 가능한 최대치 이상으로 늘릴 수도 없기 때문이다. 마지막으로 해외 원조가 학교교육을 실질적으로 제공할 수준이 되려면 수혜국 예산의 30퍼센트까지 늘어나야 하는데, 사실상 기대할 수 없는 목표이다.

게다가 모든 나라에서 일인당 교육비용이 늘어나는 상황이다. 애초부터 가르치기 어려운 사람들을 학교가 받아들이고 있는데다, 유지비용이 점점 늘어나고 있고 학교교육의 질도 높아지고 있기 때문이다. 이렇게 비용이 증가하면 새로 투자가 들어와도 효과가 상쇄된다. 그렇다고 학교교육을 싸구려 떨이로 팔 수도 없는 노릇이다.

인간 피라미드

모든 상황을 고려할 때, 학교 예산을 늘리라는 요구는 언제나 학교가 제 역할을 못하고 있다는 가정에 근거를 둘 수밖에 없다. 그럼에도 학교 자체를 문제 삼는 사람은 없다. 왜냐하면 학교야말로 체제 유지에 필수적인 제도이기 때문이다. 다수가 소외된 사회에서 학교는 교육에 잠재한 체제 전복적 힘을 누그러뜨리는 효과가 있다. 학교에서만 교육을 할 수 있게 제한하면, 저학년부터 고분고분하게 순치된 학생만 상급반으로 올려 보낼 수 있기 때문이다. 자본이 부족한 사회에서는 학교교육을 무제한 구매할 만큼 부자인 사람이 거의 없다. 따라서 대다수가 학교에서 고분고분한 사람으로 교육받다가 아예 굴종적인 사람이 되어버린다.

라틴아메리카 헌법은 미국 헌법을 한쪽 눈만 대고 베껴서 만든 것이기 때문에, 다른 제도와 마찬가지로 학교교육이라는 이상도 억지로 만든 유토피아일 수밖에 없다. 학교교육은 라틴아메리카를 19세기식 부르주아 사회로 만들기 위한 필요조건이다. 모든 시민에게 학교에 갈 권리가 있음을 선포하지 않았다면, 서구의 자유주의 부르주아 계급은 결코 힘을 키우지 못했을 것이다. 오늘날 유럽, 미국, 러시아에 존재하는 중산층 대중이나 그들의 문화적 식민지인 남아메리카의 중간관리층 엘리트도 존재하지 못했을 것이다.

학교는 이처럼 지난 세기에 봉건주의를 극복하는 데 한몫을 했지만, 이제는 학교교육 받은 이들만 보호하는 억압적 우상이 되어버렸다. 학교의 높이가 올라갈수록 사람의 급은 낮아진다. 학교는 이렇게 인간의 급을 낮춰 놓고는 복종을 받아들이게 한다. 사회적 서열도 학교교육을 받은 수준에 따라 정한다. 라틴아메리카의 모든 나라에서 정부가 학교에 돈을 많이 쓴다는 말은 다수를 희생시켜 소수에게 더 많은 특권을 준다는 의미이다. 이렇게 엘리트들을 후원하고는 그것을 정치적 이상이라 말하면서 법률로 명시한다. 이 법률은 명백히 불가능한 목표, 곧 모두에게 균등한 교육 기회를 주겠다는 목표를 공언한다.

매년 학교를 졸업해서 만족을 얻는 고객보다는 형편 때문에 학교를 중도에 그만두어 좌절에 빠진 사람들 숫자가 훨씬 많다. 이렇게 실패한 이들은 최저 노동인력으로 활용할 수 있도록 그들의 실패에 따라 등급을 매긴다. 그렇게 해서 생겨난 가파른 교육의 피라미드는, 각자의 사회적 신분을 설명하는 근거가 된다. 시민들은 피라미드에 있는 자기 자리로 학교화하여 들어가는 것이다. 이렇게 하여 비교적 소수의 성공한 이들에게만 혜택을 주는 차별 양식이 정치적 용인을 받는다.

라틴아메리카 사람에게 있어 농촌에서 도시로 이주한다는 것은, 물려받은 대로 신분이 정해지던 세상에서 학교교육을 얼마나 받았는가에 따라 신분이 정해지는 세상으로 이동한다는 얘기처럼 들릴 것이다. 하지만 학교는 태어나면서부터 유리하게 출발한 사람을 마치 노력으로 성취한 사람처럼 합리화한다. 특권 위에 평등과 공평한 기회라는 허울을 입히는 것이다. 어린 시절에 배움의 기회를 놓쳐서 현재의 지위에 불만이 있는 사람은 언제든 야간학교나 실업학교에 가면 된다는 식이다. 이렇게 공인된 처방이 있는데도 받아들이지 않으면, 혜택에서 배제된

건 그 사람 잘못인 것이다. 학교는 학교교육으로 인해 좌절한 사람을 이런 식으로 또 한 번 억누른다.

학교체제는 또한 학교가 언제나 보편적 사실들만을 가르친다는 이념을 사람들에게 주입한다. 사실 학교교육 가운데는 차라리 가르치지 않는 편이 더 나은 것도 많다. 매년 소수만 원하는 학교교육을 받고 대다수가 초등학교도 다 마치지 못하는 나라에서는 특히 그러하다. 하지만 6년이라는 기간만으로도 아이들이 학교에서 매긴 등급을 정당화하는 이데올로기를 받아들이는 데는 충분하다. 아이들은 학교교육을 더 받은 사람이 우월한 지위를 갖고 의심할 수 없는 권위를 누리는 게 당연하다고 배운다.

학교교육의 대안

학교 중심의 교육을 대체할 근본적 대안을 찾는 일은 사회에 대한 기존 관념을 뒤집는 일이기도 하다. 학교가 대다수 사람을 가르치는 일에 아무리 무능하다 하더라도, 또 보통사람이 엘리트 계급으로 들어가는 통로를 아무리 효과적으로 제한한다 하더라도, 그리고 이 엘리트들에게 교육외적인 혜택을 아무리 제멋대로 퍼준다 하더라도, 학교가 국민소득을 증가시키는 것만은 분명하다. 학교 졸업자의 경제 생산성이 더 높은 것도 부정

하기 어렵다. 미국식 산업화를 지향하는 저개발국가의 경제에
서는 학교 졸업자가 당연히 중도 포기자보다 훨씬 생산적이기
때문이다. 소수의 사람만 높은 생산성을 올리도록 대다수를 훈
련된 소비자로 교육하는 사회에서, 학교는 그 사회의 핵심 제도
역할을 한다. 따라서 학교교육은 가장 좋은 환경에서조차 사회
를 두 집단으로 갈라놓는 역할을 한다. 사회 한 편에는 높은 생
산성을 내며 해마다 국민 평균치보다 훨씬 큰 폭으로 개인소득
의 증가를 기대하는 집단이 있다. 다른 편에는 소득이 증가하기
는 하지만 그들보다 훨씬 작은 폭으로 오르는 압도적 대다수가
있다. 말할 것도 없이 이 증가율 차이는 점점 벌어져서 두 집단
사이의 격차는 갈수록 커진다.

교육제도를 근본적으로 혁신하려면 먼저 정치와 생산조직에
서 근본적 변화가 일어날 거라는 전제가 있어야 한다. 인간을
학교가 필요한 동물로 보는 관점에서부터 근본적 변화가 일어
나야 한다. 우리는 전면적인 학교 개혁을 시도했다가 기존의 사
회구조 때문에 실패하면서도 그 점을 자주 망각하곤 한다. 예를
들면 실업학교가 소외된 대중에게까지 학교교육을 제공할 수
있는 만병통치약인 것처럼 생각한다. 하지만 끊임없이 변화를
거듭하며 점점 많은 일을 자동화하는 경제에서 실업학교가 배
출한 인력이 어떤 일자리를 찾을 수 있을지 의심스럽다. 게다가
모두가 아는 것처럼 오늘날 실업학교에 들어가는 자본과 운영

비는 같은 등급의 일반 학교보다 몇 배가 많다. 또한 실업학교
에는 이미 사회에서 열외로 분류된 초급학교 졸업자들이 들어
간다. 실업학교는 학교건물 안에 공장을 그대로 복사한 듯한 모
사품을 만들고는 마치 교육을 하는 시늉을 한다.

이런 실업학교 대신에 산업단지에 보조금을 주어 용도를 변
경하는 방안을 생각해볼 수 있다. 근무시간 이후엔 공장을 훈
련기관으로 쓰도록 의무화하는 것이다. 경영자는 시간을 내어
이 훈련을 계획하고 감독하게 하고, 생산 공정은 교육적 가치가
있도록 새로 짜는 것이다. 이처럼 학교에 들어가는 비용 일부
를 떼어 기존의 자원을 교육적으로 이용하도록 쓰면, 경제적으
로나 교육적으로 비할 데 없이 큰 성과를 낼 것이다. 나아가 이
런 보조금 방식의 견습제도를 이미 취업이 예정된 사람뿐 아니
라 나이와 상관없이 일자리를 찾는 모든 사람에게 개방하면, 지
금 학교에서 하는 중요한 역할을 공장이 대신할 수도 있을 것이
다. 지금 우리는 취업을 하려면 그 전에 먼저 생산인력으로서의
자격을 갖춰야 하고, 생산 작업을 하기 전에 학교교육을 받아야
한다는 잘못된 생각에서 막 벗어나고 있다. 지금은 중세 때처럼
수도원이나 회당, 학교 같은 신성구역에 갇혀서 준비를 다 마치
고 나서야 '세속세계'로 나가서 살 수 있다는 생각을 고집할 이
유가 없다.

학교교육이 실패하면 실업학교 다음으로 자주 거론하는 처

방이 '기초교육'[22] 혹은 '성인교육'이다. 브라질의 파울루 프레이리[23]는, 성인이 자기 지역의 정치적 사안에 관심을 가질 정도면 6주간만 저녁수업을 해도 글을 깨칠 수 있다고 입증했다. 이 교육과정은 성인이 잘 쓰는 정치 어휘 가운데 특히 감정에 와 닿는 핵심 단어 위주로 읽기와 쓰기 수업을 편성했다. 이 점 때문에 프레이리의 교육과정이 논란이 된 것은 이해할 만하다. 하지만 10개월간 한 달씩 나누어 운영한 이 성인교육에 든 비용은 초등교육 1년 치와 비슷했고, 효과는 가장 성공적인 학교교육도 따르지 못할 만큼 컸다.

안타깝게도 '성인교육'은 사회적 혜택에서 소외되어 학교교육을 받지 못한 계층에게 일시적인 보충을 해주는 장치로 이해하는 경우가 많다. 하지만 모든 교육을 성인 시기에도 받을 수 있는 훈련으로 이해하면, 상황은 금세 뒤바뀔 것이다. 공식적인 의무교육 기간을 1년에 2개월로 과감히 줄이는 방안을 고려해야 한다. 그리고 이런 공식적 학교교육을 생애 중 20대나 30대 시기로 분산하는 것도 고려해야 한다. 다양한 형태의 공장

---

22 fundamental education. 주로 신생국가나 저개발국가에서 제도교육을 받지 못한 사람들에게 제공하는 교육 기회를 가리킴. 가장 흔한 예로 문맹퇴치 교육이 있다.
23 Paulo Freire. 브라질의 교육자로 20세기의 대표적 교육사상가. 브라질 문맹퇴치 운동을 주도하는 한편, 『페다고지』, 『교육과 의식화』 등의 저서를 통해 억압적, 수동적 교육의 문제를 고발하고 의식화 교육을 주창했다. 일리치와는 일정 정도 문제의식을 공유했지만, 학교 자체를 부정하지 않은 프레이리에 비해 일리치는 학교를 근대산업화의 도구로 보고 근본적 혁파를 주장한 점에서 차이가 있다.

견습과정이나 잘 짜인 수학 및 언어 교육에서 지금까지 '지도' (instruction)라 부르던 기능 대부분을 맡는 것이다. 그렇게 하면 1년 중 2개월만 학교교육을 해도 그리스인들이 말한 '스콜레',[24] 곧 지혜를 추구하기 위한 재충전 기회를 충분히 가질 수 있을 것이다.

하지만 지금으로서는 그동안 염두에 두지 못한 여러 기관에 학교의 교육 기능을 새로운 방식으로 재분배하는 사회 변화가 무엇인지 상상하기 어렵다. 또한 조만간 사라질 교육제도에서 수행한 교육 외적 기능을 어떻게 재분배할지 구체적인 방안을 내기도 어렵다. 우리는 '학생'이라는 이름표를 붙인 아이들을 학교에 맡겨놓고는 그들과 함께 무엇을 해야 하는지도 아직 모르기 때문이다.

학교 파시즘

앞에서 제시한 정도의 근본적 변화로 어떤 정치적 결과가 벌어질지 예측하기는 어렵다. 하지만 각 나라들 간에 어떤 양상이 나타날지 언급하기는 어렵지 않다. 학교로 양육된 사회와 '학교

---

24 scholē. 원래는 여가를 뜻하는 말이었으나, 나중에 직업과 관계없는 자유로운 교양 교육(liberal arts)을 가리키는 말로 바뀌었다. 학교(school), 학자(scholar)의 어원이기도 하다.

표준에서 벗어난'(off the school standard) 사회는 어떻게 공존해야 할까? 다시 말해 산업, 상업, 광고, 정치 참여도에서 본질적으로 전혀 다른 나라가 어떻게 공존할 수 있을까? 학교라는 보편적 기준을 벗어나 발전하는 나라는 학교화한 나라들과 공존하기 위해 필요한 공통의 언어와 규범이 없다. 미국과 중국이 그랬듯이 서로 다른 두 세계는 앞으로 서로를 차단해야 할지도 모르겠다.

다소 성급히 결론을 말하면, 학교에서 양육 받은 사람은 자신과 다른 나라에서 활용하는 교육 수단을 무조건 혐오한다. 그런 사람이 심정적으로 마오쩌둥의 당을 하나의 교육기관으로 '인정'하기는 어려울 것이다. 설령 그 당이 적어도 시민정신을 심어주는 일에서만큼은 서구의 어떤 학교보다 효과적이라는 것을 보여준다 해도 그럴 것이다. 라틴아메리카의 게릴라 투쟁도 실제보다 훨씬 악선전에 자주 이용되고 오해를 받는 교육 수단이다. 예컨대 체 게바라는 게릴라 투쟁이 사람들에게 기존 정치 체제의 불법성에 대해 가르칠 수 있는 마지막 수단임을 분명히 인식하고 있었다. 특히 학교화가 덜 된 나라에서 마을마다 트랜지스터라디오가 보급되면서, 브라질의 동 엘데르 카마라(돔 헬더 까마라)[25] 주교나 콜롬비아의 카밀로 토레스 신부처럼 탁월하고 위대한 혁명가들이 맡은 교육적 기능은 결코 과소평가할 수

---

25 Dom Helder Camara (1909~1999). 브라질의 대주교이자 해방신학자. 평생에 걸친 빈민운동과 사회개혁 운동으로 브라질인의 존경을 한몸에 받았다.

없는 것이다. 쿠바의 카스트로 역시 젊은 시절 카리스마 넘치는 자신의 열변을 '수업시간'이라고 묘사하기도 했다.

학교교육으로 커온 사람의 눈에는 이런 과정이 오로지 정치 세뇌로만 보인다. 이들로서는 거기에 깃든 교육적 목적도 이해 하기 어렵다. 학교에서만 교육이 가능하다는 법 규정 때문에 학 교 밖에서 이뤄지는 모든 교육을 범법 행위까지는 아니어도 일 종의 과오처럼 여긴다. 학교가 당연한 듯 학교교육의 필요성을 주입하고 학교를 후원하는 체제가 불가피한 것처럼 가정하는데 도, 학교에서 양육 받은 이들이 이 사실을 깨닫지 못하는 걸 보 면 놀랍기만 하다. 학교에서는 교육이 정치와 무관하다고 주장 하면서도, 교사가 대변하는 정치체제를 받아들이도록 학생들을 세뇌한다.

학교교육에 대한 숭배는 결국 폭력으로 귀결될 것이다. 종교 도 기득권으로 확립되고 나면 폭력으로 가고 말았다. 보편적 학 교교육이라는 복음이 라틴아메리카 전역으로 퍼져나가는 데 맞 춰 군대는 반란을 제압할 힘을 키울 수밖에 없다. 학교 신화로 불붙은 사람들의 기대감이 좌절하는 순간 반란이 일어나기 십 상이기 때문이다. 언젠가는 현재의 학교 시스템이 라틴아메리 카를 파시즘으로 가게 한 중요한 발걸음이었음이 드러날 것이 다. 앞으로 20년 동안에도 여전히 학교 마크가 자본이 부족한 나라에 등급을 매기는 한, 나라들 사이에 벌어질 막심한 격차를 합리화하는 유일한 길은 결국 체제를 우상화함으로써 국민들 사이에 열광을 일으키는 방법밖에 없을 것이다.

이제는 개발도상국들도 학교 때문에 짊어져야 하는 부담을 깨닫고 있다. 지금이야말로 학교를 필수적으로 만든 사회 구조에 대해 변화를 상상할 때다. 라틴아메리카 전역을 중국 인민공사 같은 싹쓸이식 유토피아로 만들자는 것이 아니다. 미래의 시나리오를 구상하는 일에 상상력을 쏟자고 제안하는 것이다. 학교의 교육 기능을 산업 현장, 정치 현장, 단기 '스콜레' 과정 등에 과감히 돌리고, 아이가 어릴 경우에는 부모가 직접 교육할 수 있게 준비 시간을 모아주자는 것이다. 학교교육에 드는 비용은 경제, 사회, 교육의 관점으로만 측정해서는 안 되며, 무엇보다 정치적 관점에서 보아야 한다. 자동화가 밀고 들어오는 희소성의 경제에서도 학교는 여전히 두 세계가 공존할 것처럼 합리화하지만, 두 세계 가운데 하나는 다른 쪽의 식민지일 뿐이다.

학교교육에 드는 비용이 혼란을 수습하는 비용보다 적지 않다는 걸 깨달았다면, 이제는 과감히 값비싼 타협을 해야 하는 순간에 왔는지 모른다. 하지만 오늘날 라틴아메리카에서 학교교육이 사회적 구원을 가져다준다는 신화에 의문을 제기하는 사람은, 300년 전 가톨릭 왕들의 신성한 권리에 의문을 제기한 사람들처럼 위험을 감수해야 할 것이다.

제9장

학교, 그 신성한 소

〰️

School: The Sacred Cow

학교 제도는 산업사회의 미신을 만들어내는 주요 의례이다. 이 점만 이해한다면, 학교에 대한 간절한 요구와 학교를 둘러싼 각종 신화, 그리고 학교교육이 현대인의 자아상과 어떤 방식으로 얽혀있는지도 잘 이해할 수 있을 것이다. 나는 쭈에르토리코 대학교 리오 피에드라스(Río Piedras) 캠퍼스의 졸업식 연설에서 이 세 가지의 관계를 증명할 기회를 가질 수 있었다. 다음은 그 연설문 내용이다.

•

지금은 학교 제도가 위기에 처한 시대입니다. 이 위기로 서구 세계는 '학교교육의 시대'에 종말을 고할지도 모릅니다. 저는 흔히들 쓰는 '봉건 시대'니 '기독교 시대'니 하는 말처럼 '학교교육의 시대'(age of schooling)라는 말을 쓰고 있습니다. 학교교육의 시대는 약 200년 전에 시작되었습니다. 그때부터 사회에 쓸모 있는 사람이 되려면 학교교육이 꼭 필요하다는 생각이 점점 커졌습니다. 이제 그 신화를 땅에 묻는 일이 우리 세대의 과제입니다.

그런 점에서 여러분은 지금 역설적인 상황에 처해 있습니다. 학업을 끝까지 다 마친 덕분에, 여러분의 아이들이 장차 어떤 교육을 받는 게 좋을지 알게 되었기 때문입니다. 이제 여러분은 자신을 배출한 이 학교 체제를 혁명적으로 바꿔야 한다고 주장할 것입니다.

대학 졸업장의 의미

오늘 우리가 엄숙하게 거행하는 이 졸업식은 푸에르토리코 사회가 국공립학교에 얼마나 값비싼 지원을 하여 이 사회의 특권층 자녀에게 큰 특혜를 주는지 확인하는 자리이기도 합니다. 여러분은 같은 또래 중 특혜를 가장 많이 받은 10퍼센트에 해당하며, 대학 교육을 끝까지 마친 극소수 집단에 속합니다. 여러분 한 사람 한 사람에게 사회적으로 투자한 비용은 전체 인구 가운데 가장 가난한 10퍼센트에게 들어가는 교육비의 15배에 달합니다. 그들은 초등학교 5학년도 채 마치지 못하고 학교를 그만두는 사람들입니다.

오늘 수여하는 졸업장은 여러분의 자격을 합법적으로 인정하는 증명서입니다. 이 졸업장은 혼자 공부한 사람은 받을 수가 없습니다. 푸에르토리코에서 공인하지 않는 방법으로 실력을 쌓았기 때문입니다. 푸에르토리코 대학의 교과과정은 모두 '미국 학교협의회'에서 공식적으로 승인한 기준에 따른 것입니다.

오늘 수여하는 학위에는 지난 16년 혹은 그 이상 동안 기성세대가 여러분에게 자의든 타의든 복잡한 학교 규율을 강요했다는 의미가 들어있습니다. 실제로 여러분은 1주일에 5일, 1년에 9개월 동안 날마다 학교라는 이 신성구역을 오가며 지냈고, 거의 한 해도 빠짐없이 여러 해를 그렇게 보냈습니다. 정부, 기업, 전문가 집단이 볼 때 여러분이 현 질서를 거역하지 않을 사람이라는 충분한 근거가 만들어진 셈입니다. 그것은 여러분이 이 체제에 들어가기 위한 '가입의식' 절차를 충실히 따랐기 때문이기도 합니다. 이를 위해 여러분은 젊은 날의 대부분을 학교라는 울타리에 갇혀 지냈습니다. 그리고 이제는 사회로 나가 일하면서 그동안 받은 특혜를 미래세대에게도 물려줄 거라는 기대를 받고 있습니다.

학교로 만들어진 사회

푸에르토리코는 서반구에서 정부 예산의 30퍼센트를 교육에 쏟는 유일한 사회입니다. 전 세계에서 국민소득의 6~7퍼센트를 교육에 쏟는 여섯 지역 가운데 하나이기도 합니다. 푸에르토리코의 학교는 다른 어떤 공공 분야보다 많은 비용을 쓰고 고용도 많이 합니다. 여러 사회 분야 가운데 이 정도로 많은 인력이 관여하는 분야는 푸에르토리코에 없습니다.

수많은 사람이 오늘의 행사를 텔레비전으로 지켜보고 있습니다. 이 엄숙한 의식을 보면서 한편으로 그들은 배우지 못한 열등감을 다시 한 번 느낄 것입니다. 또 한편으로는 언젠가 자신도 대학 학위를 받을 날이 올 거라고 희망을 키울 것입니다. 하지만 그 희망은 대다수에게는 좌절로 끝나고 말 것입니다.

이런 의미에서 푸에르토리코는 학교화한 사회라 할 수 있습니다. 저는 '교육받은' 사회라고 말하지 않고 '학교화한' 사회라고 말하고 있습니다. 푸에르토리코에서는 이제 학교를 언급하지 않고서는 삶을 생각하기조차 어려워졌습니다. 배움의 열망은 학교교육을 꼭 받아야 한다는 강박으로 바뀌었습니다. 푸에르토리코는 새로운 종교를 채택한 셈입니다.

이 종교의 교리에 따르면, 교육은 학교의 생산물이며 이 생산물은 숫자로 정의할 수 있다고 합니다. 그 숫자들은 교사의 지도를 받으며 학교를 몇 년 다녔는지 표시하거나, 시험에서 정답을 몇 개나 맞혔는지 보여주는 것들입니다. 졸업장을 받는 동시에 이 교육 생산물은 시장 가치를 얻습니다. 따라서 학교에 다닌다는 것은 이미 기술관료 사회의 훈련된 소비자의 일원으로 인정받는 일이기도 합니다. 과거에 교회에 속해 있어야만 성직자 공동체의 일원이 될 수 있던 것과 비슷합니다. 푸에르토리코에서 한때 총독부터 시골농부까지 모두가 성직자의 신학을 받아들였던 것처럼 이제는 모두가 교사가 가르치는 이데올로기를 받아들이고 있습니다. 교회와 종교를 동일한 것으로 보았던 것처럼 지금은 학교와 교육을 같은 것으로 보고 있습니다.

오늘날 학교를 인허하는 정부기관을 보고 있으면 지난날 교회에 후원을 베풀던 왕실이 떠오릅니다. 학교에 대한 연방정부 지원은 예전에 왕이 교회에 했던 기부와 비슷합니다. 이를 통해 푸에르토리코에서 학교 졸업장의 위력은 한순간에 막강해졌습니다. 이제 가난한 사람들은 자신이 힘들게 사는 이유가 졸업장을 받지 못했기 때문이라고 생각합니다. 오늘 졸업하는 여러분이 사회적 특혜와 권력에 참여할 수 있게 보증해주는 그 졸업장 말입니다.

최근 조사에 따르면, 푸에르토리코의 고등학교 졸업생 가운데 대학 진학을 원하는 학생은 미국의 다른 주보다 두 배가 많다고 합니다. 반면 그들이 대학을 졸업할 확률은 미국의 여느 주보다 훨씬 낮습니다. 간절한 소망과 자신의 힘겨운 처지 사이에 격차가 벌어지면서 이 섬의 주민은 좌절감만 깊어지고 있습니다. 실패는 고학년이 되어 학교를 그만두는 학생일수록 더 뼈저리게 느낍니다. 흔히 생각하는 것과는 반대로, 학교교육의 중요성을 강조할수록 현실의 계급 갈등이 커지고 있는 것입니다. 또한 푸에르토리코인이 본토 미국인을 대할 때 느끼는 열등감도 같이 커지고 있습니다.

여러분 세대에게는 푸에르토리코를 위해서 지금과는 근본적으로 다르면서 다른 나라에서는 찾아보기 어려운 교육 제도를 발전시킬 의무가 있습니다. 여러분에게는 푸에르토리코가 교육 전문가들의 수동적 생산물로 전락하여 다시 회복할 수 없을 만큼 망가져도 좋은지 물을 의무가 있습니다. 또한 미국이 인정하는 학력 기준에 맞추어 노동인력으로서의 자질만 키우는 학교에 과연 자녀를 보내야 할지 결정하는 것도 여러분의 몫입니다. 뉴욕 웨스트체스터 지역의 중산층 아이들에게나 필요한 기능을 가르치는 학교에 자녀를 보낼지 말지 결정하는 것도 여러분에게 달려 있습니다.

성스러운 암소

푸에르토리코에도 인도 사람이 숭배하는 '성스러운 암소'가 있습니다. 바로 학교입니다. 자치주 옹호자나, 미국으로 주 편입을 주장하는 이나, 완전 독립을 외치는 이나 모두 학교만큼은 당연하게 여깁니다. 하지만 어떠한 정치적 선택지라도 학교 교육에 대한 무조건적인 믿음을 고수하는 한 푸에르토리코를 해방시킬 수는 없습니다. 따라서 오늘의 세대가 푸에르토리코를 진정으로 해방시키기를 바란다면, '학교교육의 시대'에 종지부를 찍을 대안적 교육을 고민해야 합니다. 물론 이것은 어려운 일입니다. 학교교육이 누구도 건드리기 어려운 신앙이 되었기 때문입니다.

오늘도 가운을 입은 대학교수들이 눈에 띕니다. 그들을 보면 과거 성체축일 행렬의 성직자들과 작은 천사들이 떠오릅니다. 교회, 신성함, 정통성, 사도 같은 말은 이제 학교, 공인, 필수 불가결, 보편 같은 말로 바뀌었습니다. '어머니 교회'는 '모교'라는 말로 바뀌었습니다. 오늘날 빈민가 주민들을 구제하려는 학교의 노력을 보면, 마치 무슬림들을 지옥에서 구출하겠다던 교회의 권능을 보는 듯합니다. 히브리어 '게헤나'(Gehenna)가 빈민가와 지옥을 동시에 가리킨다는 사실은 어찌나 의미심장한지요. 물론 학교와 교회 사이에 다른 점이 있기는 합니다. 학교에서 강요하는 의례가 교회 역사상 최악의 시대인 스페인 종교재판소 시절의 의례보다 훨씬 엄격하고 끈덕지다는 점입니다.

학교는 세속시대의 국교입니다. 현대의 학교는 2세기 전 모든 사람을 산업국가로 편입시키려고 출발한 보편교육 운동에 기원을 두고 있습니다. 산업화가 한창이던 나라들은 학교를 국민통합 기관으로 활용했습니다. 식민지에서는 지배계급에 제국주의적 권력의 가치를 심어주는 역할을 하였고 대중에게는 학교교육을 받은 엘리트보다 열등하다는 의식을 심어주는 역할을 했습니다. 그리하여 이제는 전 국민을 대상으로 한 학교교육의 세례를 빼놓고는 어떤 국가도 산업도 생각할 수 없게 되었습니다. 이 시대의 학교중퇴자는 마치 11세기 스페인에서 신앙을 버린 개종자처럼 취급받고 있습니다.

그러나 지금 우리는 산업국가 시대를 벗어나고 있습니다. 아니, 그렇게 생각하고 싶습니다. 하지만 국가권력이나 산업독재, 문화적 자아도착증처럼 시대착오적인 것들을 청산하지 않고는 다음 시대로 넘어갈 수 없습니다. 학교에서는 이런 구시대의 찌꺼기를 모아 스튜를 끓여서 학교라는 신성구역에 모셔두고는, 이렇게 다 식은 수프조차 오직 그곳에 온 젊은이에게만 먹게 하고 있습니다.

요즘에는 미사 참석을 큰 일로 여기지 않듯이, 여러분 손자대가 되면 학교 가는 것을 대수롭게 여기지 않는 사회가 되기를 바랍니다. 그 시대는 아직 멀었습니다. 하지만 여러분이 그 책임을 떠안았으면 합니다. 여러분은 이단자라든지 체제 전복세력, 또는 배은망덕한 자라는 비난을 받을지도 모릅니다. 다만 사회주의 국가에서조차 이런 책임을 지려면 비슷한 비난을 받는다는 사실이 조금 위로가 될지 모르겠습니다.

학교와 교육의 분리

수많은 문제가 푸에르토리코 사회를 갈라놓고 있습니다. 산업화로 자연자원은 고갈될 위험에 처했고, 상업화로 문화유산은 오염되었으며, 광고와 대중매체의 폭력으로 인간의 품위와 상상력은 타락했습니다. 이 문제 하나하나가 폭넓은 공적 토론에 붙일 주제입니다. 산업을 통제하고, 영어를 덜 쓰고, 코카콜라를 덜 마시자고 주장하는 사람도 있고, 그런 것들을 더 늘리자고 하는 사람도 있습니다. 하지만 학교가 더 있어야 한다는 것에는 모두가 동의합니다.

이 말은 푸에르토리코에서 교육에 대한 토론이 더 이상 벌어지지 않는다는 말이 아닙니다. 오히려 그 반대입니다. 아마도 정계나 재계 지도자 치고 교육에 관심을 쏟지 않는 사회는 찾기 어려울 것입니다. 그들은 교육이 더 많이 이뤄지기를 바라며, 교육 방향 역시 자신들이 대표하는 분야로 조정되기를 원합니다. 하지만 이런 방식의 논쟁은 '학교'라는 이데올로기의 틀 안에서만 여론을 일으킬 뿐입니다. 이 이데올로기는 교육이 교실, 교과 과정, 교육재정, 시험, 등급을 잘 조합하는 것이라고 합니다.

저는 이 세기가 끝날 쯤에는 지금 우리가 부르는 '학교'가 철도 및 자가용과 함께 발전했다가 폐기된 역사적 유물이 되었으면 합니다. 의료 분야에서 주술적 치료행위가 공중보건이 확대되면서 밀려난 것처럼, 교육에서 학교도 주변부로 밀려날 거라 확신합니다.

저는 학교와 교육이 이미 분리되기 시작했고, 세 가지 힘에 의해 가속화하고 있다고 봅니다. 그 세 가지란 제3세계, 빈민가,

대학입니다. 첫째, 제3세계의 많은 사람들은 학교교육을 대다수를 차별하거나 독학을 인정하지 않으려는 구실로 여기고 있습니다. 둘째, 흑인 빈민가에 사는 많은 주민들은 학교를 자신들을 '백인화'하는 기관으로 생각합니다. 셋째, 저항적인 대학생들은 학교를 지겨운 곳, 자신들을 현실과 차단시키는 곳이라고 말합니다. 그러나 이것은 모두 드러난 모습에 불과합니다. 학교교육의 신화 때문에 그 밑에 감춰진 진짜 모습은 파악이 어렵습니다.

오늘날 교사를 비판하는 학생들의 이야기에는 그들 할아버지 세대가 성직자들을 비판했던 것만큼이나 근본적인 데가 있습니다. 학교와 교육을 분리시키는 것은 예전에 교회로부터 신화를 벗겨냈던 일과 비슷합니다. 지금 우리는 교육이라는 이름으로, 알게 모르게 경제적 이해 당사자가 된 교육 전문가들에 맞서 싸우고 있습니다. 과거에 교회개혁가들이 뜻하지 않게 권력층의 일부가 된 성직자들에 맞서 싸운 것과 같습니다. 어떤 종류건 교회가 '생산체제'에 가담한 순간부터 교회의 예언자적 역할은 위협을 받았습니다. 지금은 학교의 교육 기능이 같은 위험에 처해 있습니다.

학교에 저항하는 사람들

학생들이 벌이는 시위에는 그들 대표가 표방하는 것보다 훨씬 깊은 이유가 담겨 있습니다. 이 시위는 종종 정치적 색채를 띠기도 하지만, 본질적으로는 학교체제를 다방면에서 개혁하라는 목소리를 담고 있습니다. 만일 학생들이 자기들을 길러낸 이 제도에 대한 신뢰와 존경을 여전히 고수하였다면, 대중들도 이 시위를 지지하기는 어려웠을 겁니다. 학생들의 저항에는 젊은 세대 사이네 너리 퍼진 깊은 직관이 담겨 있습니다. 청년들은 과거에 교회가 반그리스도적 행태를 보이거나 이스라엘 맹신에 빠졌던 것처럼, 학교교육이 교육의 질을 떨어뜨렸을 뿐 아니라 반교육적이거나 반사회적이 되었다는 것을 직관적으로 깨달은 것입니다. 저는 이런 직관을 명확하고도 간단하게 정리할 수 있다고 봅니다.

오늘 몇몇 학생들이 벌인 시위는 교회 개혁에 없어서는 안 되었을 탁월한 지도자들의 저항과 비슷합니다. 그들의 예언은 순교로 이어졌고, 그들의 신학적 통찰은 이단이라고 박해받았으며, 그들의 성스런 행동은 종종 화형으로 이어졌습니다. 예언자는 언제나 체제전복자로 간주되었고, 신학자는 불경한 자로 비난받았으며, 성자는 미치광이로 치부되었습니다.

그럼에도 교회가 활력을 유지할 수 있었던 것은, 엄격한 의례가 오히려 신앙에 걸림돌이 된다고 신자들이 호소하는 말에 주교들이 민감하게 반응했기 때문입니다. 하지만 교회를 다스리는 성직자들과 불만을 가진 반대자들 사이에 대화가 불가능해지면서 교회도 어느덧 박물관의 전시품이 되고 말았습니다. 이런 사정은 오늘날의 학교 체제에서도 쉽게 벌어질 수 있습니다. 대학 당국은 학생 저항의 이유가 학생들을 근본적으로 소외시킨 학교에 있다고 생각하기보다 일시적 현상으로 보려 합니다. 학생 지도자들도 '신성한 소'를 기본 공격 대상으로 삼기보다는 정치 구호로 학생들을 동원하려 합니다. 하지만 대학 당국이 학교에 저항하는 학생들의 도전을 받아들이고, 학생들이 학교교육을 거부하면서 가질 불안감을 합리적이고 적절한 방식으로 표출하게 돕는다면, 어떻게 그리 쉽게 학생들을 믿느냐고 비난받을 것입니다. 학생 대표도 동료 학생들 사이에 교육 자체보다는 학교에 대한 깊은 혐오감을 퍼뜨리는 바람에 지지자들조차 꺼리는 불안감만 높이고 있다는 사실을 알고 있습니다.

대학 당국은 학문적 권위에 대한 근거 없는 비판과 대학을 설립한 교육 목적에 맞게 학교를 바꾸라는 요구를 구별할 줄 알아야 합니다. 무분별한 분노와 근본적으로 새롭게 교육을 바꾸라는 목소리를 구별해야 합니다. 물론 이런 근본적 요구는 이미 학교 전통에 물든 지성으로서는 포착하기 어렵겠지만 말입니다. 또한 대학은 한편으로는 이미 특혜를 누리는 사람이 더 많은 혜택을 받고 싶어 내비치는 냉소주의와, 다른 한편으로는 학교 체제가 가진 자원을 대거 투입하는 현재의 지도 방식이 과연 교육적으로 타당한지 문제시하는 소크라테스적 냉소를 구별해야 합니다. 다시 말해서 특혜를 늘려달라고 요구하는 폭도와 학교가 현상유지의 상징이 되는 것을 거부하는 저항자들을 구별해야 합니다.

라틴아메리카에서 푸에르토리코만큼 교육에 대한 투자와 기대, 정보가 빠르게 증가하는 지역도 없습니다. 따라서 여러분 세대가 새로운 공교육 형태를 찾는 연구를 가장 빠르게 시작할 수 있는 곳도 푸에르토리코입니다. 여러분의 앞 세대가 사회적 평등을 이룬다는 명분으로 보편적 학교교육을 강제 도입한 일이 얼마나 잘못된 일인지 깨닫게 하고, 우리 자신을 되찾을 책임도 여러분 어깨에 달려 있습니다.

가난한 사람에게 더 많은 권리를

푸에르토리코에서는 초등학교 학생 열 명 가운데 세 명이 6학년을 마치기 전에 중퇴합니다. 이 말은 곧 중위권 소득에 못 미치는 가정에서는 아이 두 명 중 한 명만 초등학교를 마친다는 이야기입니다. 따라서 아이가 대학에 들어갈 기회가 조금이라도 있다고 믿는 푸에르토리코 부모 중 절반은 슬픈 착각에 빠져 있는 셈입니다.

교육에 배정한 공적 자금은 학교 당국에 곧장 전달되므로 학생들은 관여할 기회조차 없습니다. 이 관행을 정당화하는 정치 논리인즉, 그렇게 해야만 모든 사람에게 교실에 대한 접근권을 동등하게 보장할 수 있다는 것입니다. 하지만 이런 형태의 교육에 드는 막대한 비용과, 그 비용조차 푸에르토리코 외부에서 훈련받은 교육자들이 집행한다는 사실을 보면, 균등한 교육 기회라는 명분이 거의 공개된 거짓말임을 알 수 있습니다. 공립학교는 거기 소속된 교사 모두에게 이익이겠지만, 학생들에게는 이 체제의 상위권에 속하는 소수에게만 이익이 될 뿐입니다. 바로 그 이유 때문에 우리는 희소한 자원을 가지고 소수의 아이한테만 혜택을 몰아주는 이들 '무상학교'에 직접적 재정 지원을 중단하라고 주장하는 것입니다.

저는 푸에르토리코인이면 누구나 교육 예산의 동등한 몫을 받을 권리가 있다고 믿습니다. 이 말은 누구나 학교에 보내주겠다는 공약과는 근본적으로 다르며, 훨씬 구체적인 요구입니다. 예컨대 저는 같은 13세라 해도 학교를 4년밖에 다니지 못한 아이가 8년 동안 다닌 아이보다 교육 자원에 대한 권리가 더 있다고 믿습니다. 사회적으로 '불리한' 시민일수록 권리를 더 보장받아야 합니다.

만일 푸에르토리코에서 이런 권리를 존중하기로 결정하면 무상교육은 곧바로 폐지될 것입니다. 현재 학령기 아동 한 명에게 할당되는 연간 예산으로는 1년 치 학교교육에 들어가는 비용을 절대 감당할 수 없기 때문입니다. 게다가 전체 교육예산을 6세부터 25세까지 인구로 나누면, 즉 모든 푸에르토리코인이 누구나 들어갈 수 있다고 하는 유치원부터 대학을 졸업 때까지의 기간으로 예산을 나누면 사태는 훨씬 심각합니다.

이 사실 앞에서 우리가 선택할 수 있는 길은 세 가지입니다. 첫째는 정의와 양심을 접고 이 제도를 그대로 두는 것입니다. 둘째는 부모 소득이 중위권 이하인 아이만 무상교육을 받도록 예산을 쓰는 것입니다. 마지막으로는, 공적 자원을 동등하게 분배했을 때 효과가 분명하게 나타나는 교육에만 예산을 쓰는 것입니다. 두 번째나 세 번째 길을 택하면, 잘 사는 사람은 자기 아이에게 부족분을 각자 알아서 채워줌으로써 의심스럽긴 하지만 여러분이 오늘 끝마친 과정을 밟을 수 있도록 할 것입니다. 반면 가난한 이들은 할당받은 몫을 써서 아이가 더 효과적인 교육을 받게 할 수 있으며, 그것도 더 낮은 비용으로 그렇게 할 것입니다.

지금 제시하는 대안은 말할 것도 없이 라틴아메리카의 다른 지역에도 적용할 수 있습니다. 라틴아메리카에서 현재 교육비 명목으로 걷는 세금의 20퍼센트를 현행법상 학교교육이 의무인 아이들에게 똑같이 배분하면, 매년 1인당 20달러가 돌아갑니다.

이 액수는 지금의 학교교육에 들어가는 비용에 턱없이 못 미칩니다. 그러나 수많은 아이와 성인들을 해마다 1개월씩 집중 교육하기에는 충분한 예산입니다. 아이들에게 숫자나 글자, 논리를 익히게끔 놀이식 학습도구를 배포하기에도 충분합니다. 또한 아이들이 큰 이후에는 성인 대상의 집중 직업교육을 지원하기에도 충분한 예산입니다. 브라질 북동부에서 파울루 프레이리는 (결국 강제추방되긴 했지만) 이 액수를 단 한번 투자하는 것만으로도 문맹 인구의 25퍼센트에게 실용적 글쓰기와 읽기를 가르칠 수 있다는 것을 보여주었습니다. 하지만 그가 분명히 밝혔듯이, 이런 교육은 지역공동체에서 정치적 관심이 큰 핵심 단어들에 교육 초점을 맞출 때만 성과를 낼 수 있었습니다.

저의 제안에 많은 사람이 경악할지 모르겠습니다. 하지만 저 위대한 실증주의자들과 자유주의자들이야말로 교육 관료가 이끄는 학교 행정에 공적 자금을 마음대로 써도 된다는 원칙을 우리에게 물려준 사람들입니다. 이것은 마치 과거 교회에 낸 십일조를 성직자가 관리하던 것과 같습니다. 이제 여러분에게 남은 일은 교육 기회의 진정한 평등이라는 이름을 들고 무상 학교교육에 맞서 싸우는 일입니다. 저는 이 싸움에 기꺼이 뛰어든 여러분의 용기에 경의를 표합니다.

젊은이들이 지금 원하는 것은 교육기관이면 교육을 하라는 것입니다. 엄마처럼 보살펴 달라는 것도 아니고, 자격증을 달라는 것도 아니며, 지식을 주입해 달라는 것도 아닙니다. 물론 학교가 강제적 보호를 하지도 않고, 각박한 경쟁이나 주입식 교육을 순순히 따르라고 요구하지도 않으면서 학생들을 가르치는 것은 어려운 일입니다. 하지만 교사들에 재정 지원을 해주고는, 이제부터 보호자, 심판, 상담사, 교과 관리자 역할을 다 맡으라고 하는 것도 어렵기는 마찬가지입니다. 이런 역할을 하나의 기관에 전부 맡기는 건 비경제적입니다. 학교교육에 비용이 더 드는 이유도 종종 상반되는 이 네 가지 역할을 뒤섞었기 때문입니다. 그리고 이것이야말로 만성적인 교육예산 부족을 일으키는 원인입니다. 여러분에게는 공공 재원의 한도 안에서 모든 사람에게 교육을 제공하는 제도를 만들 임무가 있습니다.

학교 없는 사회

푸에르토리코가 정신적으로 학교보다 더 성숙해질 때 모두를 위한 교육에 예산을 쓸 수 있을 것입니다. 그럴 때만이 진정으로 효율적인 교육이 가능하며, 학교의 틀을 벗어난 교육이 지지를 받을 수 있습니다. 그러기 위해서는 이 새로운 형태의 교육을 학교 제도의 실패를 보완하는 잠정적 수단으로 삼을 필요가 있습니다. 새로운 형태의 교육을 창조하려면 학생과 교사, 납세자가 모두 받아들일 수 있는 대안을 보여주어야 합니다.

학교가 지금 하지 못하는 교육을 가정이나 직장, 지역공동체가 성공적으로 수행하지 못하란 법은 없습니다. 새로운 형태의 도서관이나 주민센터에서 배움의 기회를 얻지 못할 이유가 없습니다. 하지만 미래 사회에서 교육의 제도적 형태가 어떤 모습일지는 뚜렷하게 그리기 어렵습니다. 아무리 위대한 개혁가라 해도 그들의 개혁으로 만들어질 제도가 어떤 모습일지는 구체적으로 예견하기 어려운 법입니다. 하지만 새 제도도 완벽하지 않을 수 있다는 두려움 때문에 지금의 것을 그대로 쓰겠다는 비겁한 태도는 변명일 수밖에 없습니다.

오늘 이 자리에 앉은 여러분은 학교 없는 푸에르토리코를 상상하자는 저의 호소를 듣고 크게 놀랐을 것입니다. 하지만 우리에게 이런 놀라움을 주는 것이야말로 참된 교육입니다.. 교육의 목적도 교회의 목적만큼이나 근본적입니다. 물론 교회의 목적이 더 분명하겠지만 말입니다. 공교육의 기본 목적은 각 개인이 저마다 자신을 돌아보며 부족함을 찾을 수 있는 사회적 상황을 만드는 것입니다. 교육이란 사람들에게 독립적으로 살아갈 힘을 키워주고, 서로 손을 맞잡고 인간 공동체가 축적해온 기억에 다가가 그것을 사용하는 연대감을 키워주는 것을 의미합니다. 교육제도는 바로 이 과정에 초점을 맞추어야 합니다. 그러기 위해서는 우리들 각자가 놀라움으로 깨어날 장소가 사회 안에 마련되어야 합니다. 그 장소는 타인이 누리는 자유를 보고 놀라서

나 스스로 깨달음을 얻는 만남의 장소이기도 합니다. 만일 '대학'이라는 전통이 여전히 가치를 갖는다면, 그것은 자유를 연습하는 기관이라는 점에 있을 겁니다. 대학의 자율성이란 바로 그런 자유를 사용하는 일에서 확신을 키우라고 있는 것입니다.

나의 벗들이여, 여러분의 임무는 미래의 아이들을 위한 교육을 설계하는 데 성공해서 여러분 자신과 우리에게 놀라움을 선사하는 것입니다. 우리에게 구원의 희망은 타인으로부터부터 얻는 놀라움에 있습니다. 그러므로 우리는 언제나 더 큰 놀라움을 받아들이는 법을 배워야 합니다. 저는 이미 오래전부터 제 삶이 끝나는 날까지, 죽음이 찾아오는 그 순간까지, 이 놀라움에 대한 희망을 버리지 않기로 결심했습니다.

제10장

성적 책임과 정치적 책임은 하나

Sexual Power and Political Potency

라틴아메리카 도시에서는 임산부 네 명 중 한 명이
낙태를 선택한다. 그리고 도시 중심부로 갈수록 이
비율이 높아진다. 가임기가 끝나갈 나이가 되면 다섯 명
중 두 명이 건강을 해치거나 평판에 심각한 타격을
감수하면서까지 아기를 더 낳지 않으려고 섬뜩한 죄를
저지른다. 이런 일들이 발생하는 이유는, 관습법에 따른
결혼과 혼외 출산이 교회법에 따른 결혼이나 적법
출산보다 많거나 비슷하기 때문이다. 이들에게는
앵글로색슨 문화권에서 흔히 따라붙는 낙인도 붙지
않는다. 또한 이런 일이 자주 벌어지는 데는, 이
문화에서는 남이 버린 아이를 쉽게 데려다가 아무런
형식적 절차 없이 자기 자식으로 삼는 경우가 흔한
이유도 있다. 어쨌든 많은 사람들이 더 이상 아이를 낳고
싶어 하지 않는 건 분명하다.

우루과이와 아르헨티나처럼 의사들 상당수가 가난한
사람들에게까지 자유로이 불법 시술을 하는 경우를
제외하면, 대부분은 라틴아메리카에서는 대부분 동네
산파나 민간치료사, 무당들의 손으로 낙태 시술이

이루어진다. 이 때문에 낙태는 젊은 부인의 사망 원인 중 가장 큰 비중을 차지한다. 이들 여성을 위해서라도 현 상황을 바꿀 대안이 절실하다.

하지만 사회적 분위기는 오히려 이 대량학살을 두둔하는 쪽으로 흐르고 있다. 1980년대 초면 현재 태어난 여자아이들만으로도 가임 여성이 두 배가 될 것이다. 어떤 개발이나 혁명으로도 폭발적으로 불어난 이들 빈곤인구가 체념과 무력감에 빠져 고통을 겪는 상황을 막을 수는 없을 것이다. 상황이 이러한데, 낙태할 방법을 찾는 여성에게 앞으로 태어날 아이에게 장밋빛 미래가 펼쳐질 거라고 말한들 먹힐 리 만무하다. 그렇다고 어떤 정치가가 나서서 산아제한이나 낙태합법화를 적극 지지하겠는가? 낙태를 죄로 보는 보수 가톨릭인들, 인구를 늘려 미 제국주의자들을 압도하겠다는 공산주의자들, 드넓은 미개척지를 식민화하자고 말하는 국가주의자들을 한꺼번에 상대할 수 있는 사람은 독재자밖에 없을 것이다.

공공정책에서 큰 변화를 일으키려면 풀뿌리 민중으로부터 시작하지 않으면 안 된다. 그런데 현실에서는 거의 밀실에서 만든 정책으로 산아제한에 대한 일반인의 동의를 구하려고 한다. 나는 풀뿌리 민중 속에서 투명한 인구정책을 요구하는 운동이 일어나야

한다고 본다. 이 글에서 나는 이런 운동을 하려면 왜
비판적 정치의식을 높이는 노력을 함께 해야 하는지
설명하려고 한다. 이 글은 1967년 인구 전문가 모임에서
발표한 연설문이다. 이후 많은 사람이 인용했지만,
내용을 더 압축하면 읽기가 어려울 것 같아 원문 그대로
두기로 했다.

이 연설을 한 것은 교황이 산아제한에 대한 그 악명 높은
회칙[26]을 발표하기 몇 달 전이다. 나는 교황이 뭔가
발언하길 바랐지만 결국은 침묵을 지킬 것이라고
생각했다. 내 예상은 빗나갔고, 발언은 실망스러웠다.
나는 교황이 사람들에게 의료기술을 믿을 수 없다고
말하는 데 그치지 말고, 그런 기술을 사용할 수밖에 없는
처지에 내몰린 이들에게도 각별한 관심과 사랑을
보내달라고 말해주기를 바랐다. 그리고 세상에 만연한
비인간화 경향을 피하면서 그리스도인으로서 자기
재생산을 절제하려면, 유아사망률도 낮춰야 하지만
출산율도 낮게 유지해야 한다는 사실을 깨닫게 해주리라
기대했다. 현대 보건기술이 거둔 생명 보호의 성과가
암으로 자라나는 걸 막으려면 역시 현대 보건기술을
사용할 수밖에 없다. 하지만 교황은 죽어있는 법률

---

26 교황 바오로 6세가 1968년 발표한 회칙 'Humanae vitae'(인간 생명에 관하여)를 말
함. 자연법과 전통 교리에 입각하여 이전에 인정되었던 피임을 포함해 낙태, 불임수술
등 모든 산아제한 행위를 단죄하는 내용을 담고 있다.

용어로 가득한 문서를 들고 나왔다. 누구나 읽을 수는 있지만, 인내할 용기나 고약한 취향 없이는 읽어내기 어려운 문서를 들고 나왔다. 현대인을 그리스도적 휴머니즘으로 이끄는 일에서 교회가 쥐어야 할 주도권을 놓고 만 것이다. 슬픈 일이었다.

•

라틴아메리카 인구가 폭발적으로 늘고 있습니다. 멕시코는 18년마다, 브라질은 17년마다, 페루는 20년마다 인구가 두 배로 증가하고 있습니다. 청소년의 3분의 2가 초등학교조차 마치지 못하는 나라에서 저연령층이 불어나고 있는 것입니다. 그러다 보니 대다수 아이가 갈수록 열악한 교육을 받고 있고, 성인들도 점점 중산층 사회의 주요 제도에서 자신들이 소외되고 있다고 생각합니다. 짧은 기간 받은 교육으로 오히려 교육에 대한 불만만 커지고 있는 것입니다.

라틴아메리카의 산아제한 계획은 거의 실패로 끝났습니다. 삶의 기쁨보다는 가난의 두려움을 강조하기 때문입니다. 사람들은 눈앞에 다가올 불행을 피하기 위해 어쩔 수 없이 피임을 유일한 방어책으로 선택하기도 하지만, 여기에는 피임이 좀 더 인간적인 삶을 누릴 수 있는 건설적 수단이라는 이유도 있습니다. 하지만 지금 가족계획을 독려하는 메시지에는 건설적 내용이 하나도 없습니다. 가족계획 홍보도 TV 선전이나 길거리 광고판이 노리는 대상에게 똑같이 맞춰져 있습니다. 바로 중산층으로 이동 중인 소수의 사람들입니다. 하지만 오늘날 멕시코나 브라질에서 각종 소비재와 피임약을 구매하는 이들 고객은 특이하면서도 보기 드문 부류입니다. 이처럼 줄기차게 소비생활을 하고 물질적 생활 향상을 꿈꾸며 자신의 성생활을 바꾸는 이들은 소수일 뿐입니다.

소수만을 위한 가족계획

오늘날 학교나 직장에서의 성공과 성생활의 성공은 모종의 관계가 있는 듯 보입니다. 이 성공들은 라틴아메리카에서는 여전히 소수만이 누리는 특권이기 때문입니다. 사회의 다양한 분야에 이들 소수가 분산해 있다 하더라도, 그들은 모두 국민 평균보다 자신의 개인소득 증가율을 높게 유지하는 방법을 이미 터득한 '성취자' 집단에 속하는 사람들입니다. 그리고 이들 성취자 집단은 이미 풍요의 길에 들어선 사람들에게 더 많은 특권을 주는 정치권력을 향해 몰려들고 있습니다. 이들 소수 집단이 아무리 가족계획을 잘 실천해도 지금의 인구증가 추세에는 거의 영향을 끼치지 못합니다. '나머지'(라틴아메리카에서는 '대다수'를 의미)는 여전히 가족을 설계할 기회를 갖지 못하기 때문입니다. 사회, 교육, 정치에서의 평등을 규정한 다른 법 조항들처럼, 가난한 이들에게 산아제한 기회를 준다는 말 역시 사기에 지나지 않습니다.

지금의 사회적, 정치적 맥락에서는 국민 대다수에게 산아제한을 하라고 설득하기가 거의 불가능합니다. 아무리 유혹을 하고 교육을 해도 소용이 없습니다. 그들을 효과적으로 유혹하려면 피임기구를 삽입할 때마다 25달러를 주고, 불임 시술을 하면 100달러를 지급하는 식으로 산아제한 마케팅을 더 공격적으로 하는 방법밖에 없는 듯합니다. 이와 달리 교육으로 효과를 거두려면, 급속하고도 광범위한 성인 교육을 실시하여 정부 스스로 전복을 촉진하는 길밖에 없을 겁니다. 왜냐하면 성인교육이란 자신의 견해를 세울 수 있게 교육하는 일이므로, 자유와 상상력에 대한 모든 속박을 풀어버리는 위험까지 감수해야 하기 때문입니다.

유혹이든 교육이든 산아제한 정책들이 죄다 실패하는 이유는, 정책에 담긴 메시지가 라틴아메리카 농민 대다수가 가진 공통의 생활양식과 전혀 일치하지 않기 때문입니다. 이들 농민들에게 피임기술로 임신을 막을 수 있다는 말은 믿기지 않습니다. 하물며 그 기술로 개인의 삶이 풍요로워진다는 말은 더 믿기 어렵습니다. 두 가지 모두 마법이라도 쓴다는 말처럼 들릴 뿐입니다. 게다가 이 마술 같은 치유법을 강요하는 방식에서는 악취가 납니다. 마치 부유한 기득권층이 나서서 가난한 사람들에게 너희와 닮은꼴의 아이를 더 낳지 말라며 그 방법을 가르치는 듯한 인상을 주기 때문입니다.

게다가 이러한 접근법은 한 개인에게서 무모한 행동을 낳기도 합니다. 다시는 낙태를 안 하려고 영구 피임이라는 신비한 세계로 덜컥 가입한 여성을 또 한 번 희생자로 만들어 그의 삶에 비극적 순간을 가져오곤 합니다. 산아제한의 주장이나 스타일, 방법 모두 생명을 위한 자유가 아니라 생명에 대한 방어를 강조합니다. 그러니 이 정책이 실패해도 놀랄 게 없습니다. 사람들의 관심을 끌려면 가족계획이 악에 대한 방어가 아니라 삶의 더 깊은 의미를 표현하기 위한 방법임을 이해시켜야 합니다.

신화로부터 벗어나기

마법이나 신화, 신비에 호소하는 것은 피임 옹호자나 반대자 모두 삼가야 할 태도입니다. 물론 쉬운 일은 아닙니다. 세계가 점점 빈곤에 빠질 것이라는 전망이 미래에 대한 기대를 압도하는 지금, 신화 만들기는 견디기 힘든 현재의 고통에서 벗어나는 방법의 하나이기 때문입니다. 특히 가난한 사람을 공동의 적으로 둔갑시키는 신화는 인류 역사만큼이나 오래된 것입니다. 하지만 신화를 만든 사람이 우리들이니 우리 손으로 그것을 제어할 수 있다고 생각한다면 큰 착각입니다.

'가난한 사람들'이 얼굴이 없는 강물을 이루어 통계표의 위험 수위까지 이르면, 그때부터 산아제한 운동은 마술적 힘을 부려 다가올 홍수를 퇴치하라는 주문을 받습니다. 이런 정책은 사람들에게 일종의 착시, 곧 개인들 하나하나가 강물을 불어나게 한 물방울임을 깨닫고서 어떻게든 자기 동류들을 줄여나갈 것이라는 인상을 심어줍니다. 하지만 아무도 그렇게 하지 않습니다. 그런 정책을 믿고 자신을 속이는 사람은 전문가들밖에 없을 겁니다. 오로지 이들만이 경제학자나 사회학자가 옳다고 내세우는 '정책적 근거'를 사람들이 받아들여 가족계획의 '개인적 동기'로 삼을 것이라고 믿습니다. 하지만 이토록 중대한 행위를 다른 사람의 결정에 따라서 하는 사람이 어디 있겠습니까.

이처럼 '인구'라는 말은 사람의 마음을 흔들지 못합니다. 관리는 할 수 있지만 행동의 동기로 삼을 수는 없습니다. 오로지 개인만이 뭔가를 마음먹을 수 있습니다. 그리고 단단히 마음먹은 사람일수록 통제를 쉽게 따르지 않는 법입니다. 따라서 자신의 출산 능력을 자기 뜻대로 조절하겠다고 마음먹은 사람이라면, 정치에 대해서도 새로운 열망과 동기를 가질 겁니다. 부모로서 책임을 맡기로 마음먹은 사람이라면 정치에도 뭔가 영향을 미치려 할 것입니다. 하지만 남아메리카를 장악한 군사정부에서 그런 목표를 가진 출산 정책을 환영할 리 없습니다. 더군다나 그런 정책은 통상적으로 미국이 자금을 지원하는 종류도 아닙니다.

라틴아메리카를 서구의 식민지 상태로 계속 발전시키려면 대규모 학교교육이 필요합니다. 아이들에게 그들이 있어야 할 자리를 정해주는 이데올로기를 순순히 받아들이게 하기 위해서입니다. 기존 정치체제는 대중의 지나친 각성이나 독창성, 위험한 시도에는 너그럽지 않은 법입니다. 그럼에도 불구하고 분석하고 문답하는 방식의 성인 교육이라면 피할 수 없이 모든 금기로부터의 해방으로 이어질 것입니다. 우상은 하나씩 골라서 파괴할 수는 없습니다. 몇몇 우상을 타파하고자 한 교육이 결국에는 우상 전체를 무너뜨리곤 합니다. 이런 점에서 교육에는 언제나 정치적 전복성이 있습니다.

하나의 깨달음은 종종 또 다른 깨달음으로 이어집니다. 성행위를 한다고 꼭 엄마가 되는 건 아니라는 의식이 생기면 또 다른 개념이 생겨납니다. 경제적으로 생존하기 위해서 반드시 정치적으로 착취를 받을 필요는 없다는 깨달음입니다. 이처럼 짝을 맺을 자유와 시민으로서의 자유는 하나의 길로 이어집니다. 그리고 나면 남은 금기들은 이제 사소한 장애물에 불과할 것입니다. 우상이 있어야만 돌아가는 사회 조건에서부터 이미 변화가 시작되었기 때문입니다.

농부의 문화, 도시의 문화

지금의 아이들이 다 자라는 1984년쯤이면 저마다 아이를 낳을 겁니다. 나는 그들 한 명 한 명을 생각하며 이렇게 묻고 싶습니다. 이 아이가 자라면 인간의 감정을 침해하는 기술적 환경에 의해 조작되다가 버려지는 수동적 대상의 처지가 될까요, 아니면 일체의 사회적 흐름을 함께 책임지는 어른이 될까요? 산업 설계자가 투자 수요에 맞춰 인간의 직업 활동을 조정하듯이, 이 아이의 성생활도 인구통계학자가 계획한 인구 곡선에 맞춰 통제받을까요, 아니면 자급자족하던 농지에서 벗어나 확장 중에 있는 도시에서 자기 인생사를 스스로 통제할까요? 다시 말해서 도시가 아이의 삶을 삼켜버릴까요, 아니면 더 깊은 자유를 누리게 해줄까요?

이 물음은 3억 인구에게 던지는 질문이기도 합니다. 현재 라틴아메리카 지역에 사는 2억 남짓한 주민 가운데 3분의 2는 '농촌사람'이라 부를 수 있습니다. 하지만 다음 세대가 되면 3억 5천만으로 불어날 인구 가운데 35퍼센트 이하만 농업으로 생계를 유지할 것입니다. 그럼에도 지금 살아있는 사람들이나 향후 15년 안에 태어날 아이들 대부분은 여전히 과거 농촌사회의 관습과 신화, 감정이 지배하는 세계에서 살 것입니다. 이 말은 곧 그들이 한정된 농지를 둘러싼 투쟁에 개인의 성공이 걸린 환경에서 태어나고, 높은 유아사망률 때문에 다산(多産)으로 집단의 생존을 유지하는 조건에서 자란다는 것을 의미합니다. 농부는 토지나 전통, 다산 같은 가치를 중요하게 여깁니다. 이런 성향은 그들 나름의 언어와 상징, 이념과 종교에서도 잘 드러납니다.

농부의 문화에는 농촌의 극단적인 궁핍마저 의연하게 받아들이는 전통이 있습니다. 하지만 도시로 이주하는 사람은 대대로 물려받은 이 강력한 도구를 가질 수 없습니다. 그리고 이 사실을 깨닫고 수긍해야만 생존의 조건을 일궈나갈 수 있습니다. 따라서 도시로 가는 개인은 어쩔 수 없이 변화를 받아들여야 합니다. 행동과 태도가 다 변해야 합니다.

행동에서 변화가 일어나려면, 가는 가닥들이 모여 굵은 밧줄을 이루듯 한 인간의 삶을 이루는 여러 가닥의 행위에서 생긴 변화가 한데 모여야 합니다. 직장에서든, 거리에서든, 애인을 만날 때든, 한 사람의 행동이 변화하는 것은 개인적 깨달음 때문입니다. 그 깨달음이 새로운 습관으로 이어져 그를 자유롭게 하거나, 아니면 그저 도시의 박자에 맞춰 죽은 듯 복종하며 살게 하는 것입니다.

그러나 행동의 변화보다 더 혁명적인 변화는 개인 각자가 지금까지와는 전혀 다른 정박지를 도시에서 찾아야 한다는 것입니다. 개인에게 도시화란, 그의 가장 내밀한 감정과 욕구에 새 좌표를 정해주는 세상에서 다시 방향타를 잡아야 한다는 것을 의미합니다. 도시 이데올로기에 맞춰 개인 능력에 명찰과 표어가 새로 부여되고, 거기에 또 상징들이 붙는다는 것을 말합니다.

다른 산업생산물처럼 도시도 한 묶음의 사용지침서와 함께 신입자에게 팔립니다. 이 지침은 도시에 퍼진 신앙을 믿지 않는 불신자를 당혹스럽게 합니다. 이 신앙에는 여러 교리가 들어 있기 때문입니다. 도시에서는 의료를 통한 생명 연장, 학업 성적과 자격증, 연이은 승진과 직업적 성취를 최고로 칩니다. 생산과 소비를 잣대로 모든 가치를 평가하며, 출산도 그 점에서는 예외일 수 없습니다.

행동의 변화, 태도의 변화, 신념의 변화는 동시에 일어나기 마련입니다. 따라서 이 세 가지를 동시에 변화시킬 수 있는 소수만이 다른 이를 밀치고 풍요의 작은 섬으로 들어갈 수 있습니다. 이런 의미에서 아이를 많이 낳고 높은 소비 수준을 누리는 생활은 소수만이 누리는 사치입니다. 이들은 대개가 그렇듯이 원래는 부르주아가 아니었지만, 어쩌다 행운을 잡아 빠르게 기반을 닦은 사람들입니다. 하지만 대다수 부부가 사회적 상승을 앞당기려면 가족 규모를 최소로 조절하는 길밖에 없습니다.

그러나 평생 동안의 절제가 필요한 이런 가족 조절은, 오두막에서 태어나고 자란 청년에게는 어려운 일입니다. 그는 단조로운 학교교육이나 무미건조한 사무실, 시계처럼 돌아가는 일과에 묵묵히 복종하는 훈련을 한 번도 받은 적이 없습니다. 농촌에서 온 청년에게 도시와 직장, 가정생활을 스스로 향상시킬 수 있도록 훈련하려면 인성, 환경, 친구 등을 모두 갖춘 드문 행운이 필요합니다. 이 점에서 도시는 교사라기보다는 선발위원에 더 가깝다고 할 수 있습니다.

선택받은 소수

학교에서 아이가 성공하도록 가르치는 인성이나 자질은 현대 도시의 기업적 구조에 딱 맞는 사람을 만들기 위한 것이기도 합니다. 졸업장을 달고 승용차를 갖춘 사람은 아마도 아이는 덜 낳고 보상은 더 받기 위해 무엇이 필요한지 아주 잘 아는 사람일 것입니다. 고학력자의 출산율이 낮은 이유는 학교에서 학생들에게 피임법 같은 기술적 방법을 잘 이용하도록 가르쳤기 때문이라는 해석이 많습니다. 하지만 실제로는 그 반대일 가능성이 더 큽니다. 애초부터 학교에서 그런 기술적 방법을 잘 받아들일 아이만 뽑은 것입니다. 특히 상급학교 진학생을 선별하여 뽑고 대다수 아이들를 배제하는 나라일수록 그럴 가능성이 더 큽니다.

이렇게 설명해보겠습니다. 사회적 피라미드의 높이는 미국의 캔자스나 베네수엘라의 카라카스나 크게 다르지 않습니다. 다른 것은 형태입니다. 카라카스에서는 많이 잡아야 백 명 중 세

명만 고등학교를 졸업하고, 자가용차를 갖고, 개인 건강보험과 그에 따른 위생적 환경에서 살 수 있습니다. 여기서 우리는 태어날 때부터 특혜를 받고 그 높이로 올라간 사람과 자기 힘으로 기어 올라간 사람을 나눠봐야 합니다. 혼자 힘으로 오르기란, 캔자스보다 카라카스가 훨씬 까다롭습니다. 피라미드가 가파를수록 동기가 약한 사람에게는 더 치명적인 장애물로 작용합니다. 그런 사람으로서는 아주 완만하게 기울어진 경사조차 힘겹기 때문입니다. 카라카스에서 성공으로 가는 좁고 가파른 통로를 오르려는 사람은, 미국 대학의 널따란 계단으로 자기도 모르게 올라간 사람보다 훨씬 적극적인 의욕과 목표를 가지고 버텨야 합니다.

흔히들 가족계획은 뉴욕의 푸에르토리코인들 같은 특정 인종 집단에서 좋은 성과를 내는 것으로 알고 있습니다. 도시로 이주하면서 집단 전체 출산율이 뚝 떨어졌기 때문입니다. 하지만 이것은 뉴욕에 가기로 마음먹고 드디어 그곳에 가서 '성공한' 사람, 빈민가를 벗어나 학교를 졸업하고 연봉 7천 달러 이상을 받는 직장에 들어간 사람들 이야기입니다. 그들은 경찰의 횡포, 마약의 유혹, 인종차별, 관료들의 복지사업을 요행히 모면한 사람들이기도 합니다. 확실히 그들은 이전의 어떤 인종집단보다 빠르게 성공했고, 출산율 또한 급속히 떨어졌습니다.

그들처럼 성공의 반열로 도약한 이주자 집단은 라틴아메리카 곳곳에서 찾아볼 수 있습니다. 그런데 이 집단에 속한 이들은 라이온스클럽, 콜럼버스기사단, 그리스도교가정운동처럼 자신들에게 특권을 더 많이 주려고 조직한 단체들에 가입하곤 합니다. 카라카스의 에쏘사(Esso) 직원들이 최근 조직한 '중산층 보호협회'(the Association for the Protection of the Middle Classes)는 이들이 쓰는 전술을 잘 보여주는 사례입니다. 하지만 이런 집단에 속한 이들이 출산을 잘 조절한다고 해서, 피임이 조금이나마 더 안락한 생활을 누려본 결과라고 할 수는 없습니다. 오히려 라틴아메리카에서는 소수의 사람만이 풍요라는 신기루에 사로잡혀 있다고 보는 게 맞을 것입니다.

이중 잣대

미국 빈곤층의 출산율 중에서 특히 흑인 거주지역의 출산율이 라틴아메리카와 비슷한 수준이라는 통계가 있습니다. 하지만 양쪽에 공통점은 눈금으로 표시된 수치보다 그곳의 분위기입니다. 미국 빈민가의 평균 경제력은 현재의 라틴아메리카 사람은 넘볼 수도 없는 수준에 도달해 있습니다. 일인당 소득이나, 학교교육 기간, 의료비, 일인당 독서량 등 모든 면이 페루나 콜롬비아 인구의 80퍼센트는 바랄 수도 없는 수준입니다. 하지만 양쪽 모두 정치 참여가 저조하고, 권력이 편중되어 있으며, 분위기가 암울하다는 점에서는 다를 바 없습니다. 미국 흑인들이 통합과 풍요를 가리키는 표지판만 보고 따라가다가 막다른 길에 이르는 경우는 너무나 많습니다.

지난 2년 사이 미국 사회는 갑자기 산아제한에 반발하는 흑인 빈민지역의 정서에 공감하기 시작했습니다. 그런데 그런 사람들이 다른 나라 빈민층한테는 자기 나라 빈민보다 둔감하다느니 어리숙하다느니 하는 걸 보면 놀라지 않을 수 없습니다. 브라질에 가서 한층 마음 놓고 떠드는 충고를 들어보면 미국 빈민가에서 이미 실패한 계략을 만회하려는 게 아닌가 싶을 정도입니다. 자기 나라에서 이미 퇴짜 맞은 방안을 가지고 가서 어떻게 할지 심각하게 고려합니다. 그러다가 그곳에서도 퇴짜를 놓으면 우매하다느니 신경질적이니 하며 비난합니다.

브라질에서는 지난해 가톨릭 주교들과 공산주의자들이 힘을 합쳐 군사정부의 정책에 반대해 대중적 공분을 일으킨 적이 있습니다. 정부가 미국산 '서펀트'[27]를 아마존 지역으로 수입하려는 선교사들에게 허가를 내줄 계획이었기 때문입니다. 사람들 사이에서는 이 피임기구가 "여자 몸에 기어들어가" 불임을 시키고, 미국에서 수입한 흑인들로 아마존 을 미국의 식민지로 만들 것이라는 이야기가 흘러 다녔습니다.

---

27 serpents. 질내 피임기구(IUD)의 하나. '뱀'처럼 길게 생겨서 이런 이름이 붙었다.

이런 이야기를 들으면 북대서양 문화권에서 자란 인구 전문가는 빈곤한 상상력의 소산일 뿐이라고 쉽게 해석해버립니다. 열대의 이브에게 풍요의 사과를 따먹으라고 유혹하는 미국 '뱀'(serpent)에 대한 상징적 저항이 그 이야기 속에 숨어 있다는 것을 읽지 못합니다. 경제학자나 정책수립자, 의사들은 인간을 '충동적 소비자'(compulsive consumer)라고 가정하곤 합니다. 돈 잘 버는 직장에 들어가 아이를 적게 낳고 더 많은 것을 누리기를 원하는 성취 지향자라는 것입니다. 보통 이런 논리는 '인간 본성의 법칙'이라는 가정에 근거합니다. 하지만 그런 가정은 가톨릭 선교사들이 하는 설교만큼이나 거짓말입니다. 선교사들 중에도 자신에게 있는 기벽을 타인에게도 다 있는 인간의 본성처럼 생각하는 자기중심적인 사람들이 많이 있습니다.

지금 미국에서 인구 문제에 대해 그들끼리의 언어로 나누는 대화를 들어보면, 알게 모르게 '제국주의적' 편견을 내비치는 경우가 흔합니다. 저는 그런 편견에서 깨어나 그 편견 자체를 정책 수립의 한 변수로 다루자고 제안합니다. 하지만 그에 못지 않게 저는 라틴아메리카에서 흔히 벌어지곤 하는 '죄악' 논쟁을 끌어들이는 것도 경계해야 한다고 봅니다. 물론 인종을 혼혈시키려 한다는 음모론도 가당치 않기는 마찬가지입니다.

닿을 수 없는 천국

카라카스나 상파울루에서 가족 수를 줄이는 그 즉시 높은 생활수준에 이를 수 있는 사람은 10퍼센트도 안 됩니다. 나머지 90퍼센트가 출산 조절을 통해서 그 정도 생활수준에 오른다는 것은 상상도 하기 어려운 일입니다. 따라서 이들 대다수에게 '건설적인' 근거를 들어 가족계획을 파는 일은 기만적인 짓입니다. 그 근거라는 것도 대개는 '중산층 가치'를 교묘하게 주입하는 것에 불과합니다. 그럼에도 이런 가치를 주입하려는 이유는, 그 가치에 저항하는 혁명이 일어나지 않게 차단하기 위해서입니다. 부가 성공의 중요 지표이고 부자가 되는 데 아이가 큰 걸림돌이라고 교육하면, 사람들은 자기가 가난한 이유가 아이 탓이라고 생각할 것입니다. 물론 이런 주장은 터무니없을 뿐만 아니라 사실도 아니므로, 그렇게 생각하는 사람은 거의 없습니다.

정부는 다수로부터 말도 안 되는 동의를 얻어내려고 온갖 정책을 쏟아내고 있지만, 이 정책들 거의 대부분이 강조하는 것은 출산 조절만 하면 곧바로 경제적 보상을 하겠다는 것입니다. 피임 시술을 하는 즉시 보상을 하고, 자녀가 적은 가정에는 특혜를 준다고 합니다. 저출산으로 얻을 수 있는 기대치가 높아보이게 교묘하면서 솔깃한 유인책을 씁니다. 그런데도 이 정책들은 그다지 효과가 없습니다. 왜 그럴까요? 부자가 될 수 없다는 협박 정도로는 오랜 세월 가난하게 살아온 사람에게 별로 위협을 주지 못하기 때문입니다. 독실한 가톨릭 신자에게 지옥에 간다고 위협해도 그의 성생활에 별로 영향을 주지 못하는 것과 비슷합니다. 현재의 즐거움을 포기하고 천국을 기다리라는 말로는 신뢰를 얻기 어렵습니다. 다른 누군가에게는 그런 천국이 활짝 열려 있는지 몰라도 가난한 사람에게는 닿을 수 없는, 아예 영원히 닿을 수 없는 곳처럼 보이기 때문입니다. 세상 어디에도 백악관 정책이나 교황 훈령에 따라 아이를 낳는 사람은 없습니다. 마찬가지로 사회경제적 근거나 도덕적 규범은 피임을 설득하는 데 아무런 효과도 발휘하지 못합니다. 가족계획을 추진하거나 반대하는 일에 이데올로기를 앞세우려면 우상숭배에 의존할 수밖에 없습니다. 반인간적일 수밖에 없다는 얘기입니다.

물론 어떤 이데올로기는 사람들에게 퇴행적 힘을 발휘하기도 하고, 그 힘으로 피임을 하게 만들 수도 있습니다. 그런 이데올로기는 돈에 대한 욕망, 억울한 마음과 시기심, 나눔에 대한 거부, 위험에 대한 두려움을 정당화하며, 어떻게든 남보다 앞서려는 욕망을 옹호합니다. 심지어 이러한 성향들이 정치적 안정과 생산성에 기여한다고 주장하기까지 합니다. 하지만 그런 이유로 성생활을 조절하는 사람은 소수에 불과합니다. 그들은 기이하고 아픈 존재들이며, 그들의 이데올로기적 동기란 것도 절제로 이어지기보다는 무책임한 공격성으로 나아가기 십상입니다. 이렇듯 출산 조절은 거짓 가면으로 절대 다수에게 판매되고 있습니다. 이들 다수에게 출산 조절은 캄캄한 길을 통해 풍요로 안내하겠다는 말이나 다름없으며, 따라서 출산율도 줄어들 턱이 없습니다. 개인의 행동을 자극하기 위해 이데올로기를 이용하는 일은 비인간적일 뿐 아니라 잘못된 정책입니다. 이런 사적 문제에서 애국심이나 공익정신, 종교에 호소하는 것은 그럴 듯한 핑계는 되겠지만 결코 훌륭한 근거는 될 수 없습니다.

닮은꼴의 정책들

아이에게 글을 가르치는 데 실패한 교사와 사람들에게 피임을 설득하는 데 실패한 사회복지사를 비교해 봅시다. 교사는 꼬마 후안을 앉혀놓고 더 많이 배우고 직업을 얻고 투표를 하려면 글을 배워야 한다고 설득합니다. 하지만 후안은 그런 것을 원하지도 않고 해야 할 이유도 느끼지 못합니다. 대학 나온 친척에게 도움이라도 받지 않는 한, 많이 읽는다고 해서 대학에 갈 수 있는 것도 아니니까요. 투표도 이미 10여 년 전 라틴아메리카에서 '진보를 위한 동맹'이 출범할 때부터 의미 없는 일이 되었습니다. 학교에 계속 다니라고 꼬마 후안을 설득할 수 있는 논리는 졸업장밖에 없습니다. 직장이라는 문으로 들어가려면 꼭 필요하다고 말하는 것입니다. 물론 그것도 한참 후의 일이지만 말입니다.

 사람들은 배움의 과정에서 자기 마음에 있던 흐릿한 느낌들을 선명하게 그리는 경험을 할 때 복잡한 기술을 가장 잘 배웁니다. 자신의 두려움을 직시하고 그 두려움을 없애기 위해 글에서 도움을 구하고, 자신의 감정을 포착하고 그것을 구현하는 글의 힘을 아는 사람만이 다른 사람이 쓴 글을 깊이 있게 이해하는 법입니다. 단순히 글자로 쓴 문구를 해독하는 능력으로는 학교에 **의해** 만들어지고 공장을 **위해** 쓰이는 도구로 복종하며 사는, 세뇌된 대중이 될 수밖에 없습니다. 아니면 기껏해야 퇴근 후 싸구려 통속소설을 읽거나 외국영화 자막을 읽는 데 그 능력을 쓸 것입니다.

 의료 종사자도 교사가 하는 것과 매우 흡사한 방식으로 과제를 처리하는 경향이 있습니다. 다른 게 있다면 더 나은 삶으로 데려다 주는 마법의 양탄자가 책이 아니라 페서리[28]라고 말하는 것뿐입니다. 약사, 출판업자, 마녀가 만든 물건들은 같은 방식으로 쓰입니다. 주저 없이 피임약을 삼키는 여성이나 인쇄물에 파묻혀 사는 사람이나, 사랑의 묘약을 믿고 금욕의 대명사인 성 안토니우스를 미신처럼 믿는 점에서는 다를 게 없다는 얘기입니다.

---

28 pessary. 자궁 입구를 막는 고무로 된 반구형 피임 기구.

라틴아메리카에서 학교는 비용을 비싸게 들이고 소수의 아이에게만 글을 가르치는 데 성공하고 있습니다. 라틴아메리카 전역에서 초등학교를 다 마치는 아이는 네 명 중 한 명에 불과합니다. 보건소에서 상담을 받고 아이를 안 갖겠다고 결심하는 사람은 네 명 중 한 명뿐입니다. 성인에게 피임을 가르치는 일도 성과가 없는 것입니다. 그런데도 두 기관이 서구사회의 틀로 판박이를 찍어내는 일에 동원되고 있습니다. 학교와 보건소의 경제성을 비교해보면 문맹 교육보다는 차라리 산아제한에 자원을 집중하는 게 더 나을 듯합니다. 단기적으로 보면(15년 정도를 말합니다) 국가가 아이를 한 명 줄여서 절감하는 비용이 아이 한 명을 교육해 생산성을 올리려는 비용보다 훨씬 크기 때문입니다.

어쨌거나 학교와 보건소는 모두 사람들을 가르치기보다는 골라내는 일에 능숙한 기관입니다. 그러므로 두 기관의 예산을 삭감해도 사회 전체 출산율에 미치는 영향은 미미할 것입니다. 하지만 이렇게 예산을 삭감하여 다른 정책에 쓰고 싶어도, 지금의 학교교육과 보건정책이 정치적으로 얼마나 중요한지 알기 때문에 그러지 못하고 있는 것입니다.

대중의 자각을 두려워하는 정치

라틴아메리카 사회는 이곳에 유토피아를 세우려는 몽상가들마저 불모지로 여기는 곳입니다. 교육 개혁가들조차 이 대륙에는 어떤 교사가 들어와도 교육에 새로움을 불어넣을 수 없을 거라고 말합니다. 이곳에서는 효과적인 성인교육 과정을 개발, 구상하여 기존 전통을 바꾸려 할 때마다, 믿을 수 없는 교육이라며 중단시키거나 조소로 반응합니다. 실제로 대규모 성인교육 과정에 국가가 재정 지원을 한 적은 한 번도 없습니다. 정부는 그런 규모로 실시한 과정 가운데 효과가 입증된 것이 없다는 핑계를 댑니다.

라틴아메리카의 군사정부들은 소크라테스 같은 이가 나올까봐 두려워하는 게 틀림없습니다. 그런 사람이 나온다면 기필코 감옥에 가두거나 추방하거나 조롱하여 지하로 숨어들게 할 것입니다. 대중에게 존경받는 위대한 라틴아메리카 교육자 중에 자기 조국에서 일하는 사람은 거의 없는 형편입니다. 이런 교육자들마저 정부나 교회, 국제기구에 들어가면 현실과 타협할 수밖에 없다는 명분을 대며 타락의 길로 접어듭니다.

지금 라틴아메리카 교육 체제에 가담한 이들에게는 다른 곳에서는 볼 수 없는 뚜렷한 특징이 있습니다. 이 차이를 모르기 때문에 미국 사람들은 남아메리카의 초등교육이 미국 빈민가에서보다 훨씬 심각하고 위험하다는 것을 이해하지 못합니다. 라틴아메리카의 현 정치세력을 구성하는 사람들은 인구의 3퍼센트도 안 되는 중등학교 졸업장을 가진 가장(家長)들입니다. 교육받지 못한 대중이 정치 문제에 대거 참여하는 일은 이들 소수에게 심각한 위협이 됩니다. 따라서 정치 참여를 촉진할지 모를 교육 과정이 나오면 파괴적인 선동주의라고 깎아내리거나, 당연한 수순으로 폭동을 부추긴다며 서둘러 진압할 것입니다. 이런 교육 과정은 절대 재정 지원을 받지 못합니다.

또 어떤 이들은 학교교육이 골고루 보급되지 못한 탓에 기술적 지식이 확산되지 못하고, 효과적인 정치 참여를 가로막고 있다고 주장합니다. 아이들을 위해 학교 예산을 대폭 늘리는 길만이 정치 참여도를 높이고 피임 같은 기술적 지식을 확산시키는 방법이라는 것입니다. 하지만 이 정책은 세 가지 잘못된 전제에 기대고 있는 것 같습니다. 첫째는 학교에서 하는 교육 기능을 과대평가하고 있습니다. 둘째는 학교교육에 드는 자원을 기하급수적으로 늘리는 게 언제까지라도 가능하다는 듯 비현실적 기대를 걸고 있습니다. 셋째는 정치적 지향성을 가진 성인 교육의 가치를 불신하고 있습니다.

책임 있는 시민을 만드는 교육

브라질의 망명 교육자 파울루 프레이리는 어느 마을에서든 6주 안에 성인 문맹자 중 15퍼센트를 읽고 쓰게 할 수 있다는 걸 보여주었습니다. 그것도 1년 동안 아이 한 명에게 쓰는 학교 예산보다 훨씬 적은 비용으로 말입니다. 프레이리가 2차로 똑같이 15퍼센트를 교육할 때는 좀 더 천천히 진행할 수 있었습니다. 이 목표를 이루기 위해 그는 학습자들에게 마을에서 가장 강렬한 의미를 가지는 단어 목록을 준비해오라고 시켰습니다. 이 단어들은 대개 정치와 밀접한 관계가 있었고, 그래서 논쟁의 초점이 되었습니다. 글을 깨우치는 학기 내내 선택한 단어를 분석하는 데 학습을 집중했습니다. 이런 문맹자 교육 과정에 마음이 끌린 사람들은 대부분 정치적 잠재력을 가지고 있었습니다. 이들 주민이 토론에 관심을 갖고 그 핵심 단어를 읽고 쓰는 법을 기꺼이 배우려 했다는 사실은, 좀 더 적극적이고 효과적으로 정치에 참여하는 첫걸음을 떼었다는 것을 의미합니다.

물론 이런 교육 내용은 교육자가 선택한 것들입니다. 하지만 현행 학교교육도 그 점에서는 마찬가지입니다. 차이라면, 똑같은 교재교구가 이곳에서는 사람들의 정치적 잠재력을 일깨워 사회를 바꿀 가능성을 열어주는 도구 역할을 한 반면, 학교에서는 고분고분 말 잘 듣는 아이만 통과시키고 그렇지 못한 아이는 실패자로 낙인찍는 필터 구실을 한다는 것입니다. 프레이리의 수료생들은 탈락자만 키워내는 쓰레기 펄프 더미와는 다른 영양분을 책에서 흡수하고 있었습니다.

저는 1964년 초 브라질 동부 세르지피 주에서 프레이리가 가르치는 가난한 농부들과 함께한 저녁을 평생 잊지 못할 겁니다. 그날 한 농부가 일어나더니 뭔가 단어를 떠올리려고 애쓰다가 한참 만에 입을 떼었습니다. 놀랍게도 그의 말은 제가 지금까지 말하고자 한 바로 그것이었습니다. "저는 어젯밤에 한숨도 잘 수 없었어요. … 왜냐면 엊저녁에 제 이름을 처음 썼거든요…. 게다가 저, 저는… 아니, 우리는 알게 되었어요. 우리에게 책임이 있다는 것을요."

책임 있는 시민이 되는 길과 책임 있는 부모가 되는 길은 나란히 나아갑니다. 두 가지 다 자신과 타인의 관계로부터 경험을 얻은 결과이기 때문입니다. 자발적 행동으로 가는 훈련은 여러 사람이 한마음으로 받아들일 때 비로소 효과적이고 창의적이며 지속적일 수 있습니다. 책임 있는 이웃으로, 책임 있는 부모로 행동하겠다는 결단은 곧 정치적 문제에 참여하겠다는 것이며, 그러기 위해 필요한 훈련을 기꺼이 받아들이겠다는 의미입니다. 오늘 브라질에서 이 말은 혁명적 저항에 기꺼이 참여하겠다는 뜻입니다.

이 같은 견지에서 저는 가족계획을 더욱 밀도 있게 세우려면 성인 대상의 광범위한 공식 교육과정에 방향을 맞춰야 한다고 제안합니다. 정치 교육에 더욱 힘을 쏟자는 말입니다. 라틴아메리카의 정치적 해방을 위한 대중 참여가 새로운 깊이와 깨달음에 이르려면, 가장 사적인 삶의 영역에서조차 기술적 조건이 침투해 들어와 있다는 자각이 일어나야 합니다. 오늘날의 부모 교육은 바로 이런 방식으로 나아가야 합니다. 그럴 때만이 뿌리 뽑힌 대중이 '민중'(people)으로 성장하는 강력한 촉진제 역할을 할 것입니다.

제11장

가난을 부르는 경제개발

Planned Poverty:
The End Result of Technical Assistance

1969년, 개발도상국을 위한 경제개발 계획이 두 번째 10년을 맞는 시점에 「피어슨 보고서」[29]가 로버트 맥나마라(Robert McNamara) 세계은행 총재에게 제출되었다. 이제 '발전'이라는 개념의 대안을 논의할 때가 된 것이다. 이 개념은 언뜻 보면 반박할 수 없는 증거에 근거한 것 같지만, 실제로는 매우 의심스런 전제들을 숨기고 있다.

•

부자나라들의 전쟁 물자를 전환해 제3세계의 발전을 위한 프로그램에 쓰라는 요구는 이제 당연한 것이 되었다. 인류의 5분의 4를 차지하는 빈곤 인구는 일인당 소비 수준이 실질적으로 하락하는 와중에도 거침없이 증가하고 있다. 이렇게 인구가 팽창하고 소비가 감소하다보니 산업 국가들도 남은 전쟁 예산을 돌려서 가난한 나라들을 경제적으로 달래는 일에 주저하고 있다. 하지만 이렇게 예산을 돌린다 해도 돌이킬 수 없는 절망만

---

29 Pearson Report. 개발도상국들을 위한 원조의 문제점을 지적하고 개선 방향을 제시한 보고서. 1969년 가을 세계은행 연차총회에서 채택되었다.

부르기 십상이다. 왜냐하면 부자의 쟁기는 그들의 칼만큼이나 해롭기 때문이다. 미국산 트럭이 가난한 나라에 입히는 피해는 미국산 탱크보다 더 오래갈 수 있다.

탱크보다는 트럭이 대중적 수요를 일으키기 쉽다는 건 분명하다. 중화기가 필요한 사람은 소수이지만 트럭은 수많은 사람이 의존하기 때문이다. 그래서 현대식 트럭 같은 생산 장비가 터무니없이 과하게 공급되는 것이다. 그런데 제3세계를 부자나라 사람들이 자기들 용도에 맞춰 개발한 생산품과 공정을 파는 대규모 소비시장으로 만들어버리면, 그때부터는 서구 공산품에 대한 수요와 공급의 격차가 영원히 벌어질 수밖에 없다. 가난한 나라가 자가용차를 몇 대 더 갖는다고 제트 시대로 진입할 수는 없기 때문이다. 학교제도가 있다고 해서 가난한 사람들 모두가 교육받을 수 있는 것도 아니고, 가정용 냉장고가 있다고 해서 모두가 신선한 식재료를 공급받는 것도 아닌 것처럼 말이다.

필요 없는 것에 대한 수요 만들기

라틴아메리카에서 캐딜락을 사고, 심장수술을 받고, 박사학위를 딸 수 있는 사람은 천 명 중 한 명에 불과하다. 하지만 이처럼 발전의 목표가 멀다고 해서 제3세계의 운명에 대해 미리 절망할 필요는 없다. 이유는 간단하다. 아직까지는 캐딜락이 원활한 이동을 위해 꼭 필요한 것도 아니고, 심장수술이 통상적인 건강 유지에 필수적인 것도 아니며, 박사학위가 바람직한 교육 수준을 말해주는 조건도 아니기 때문이다. 사실 우리는 페루에서 캐딜락에 높은 관세를 붙이면서까지 수입하는 이유를 이미 알고 있다. 콜롬비아 보고타의 심장이식 병원이 의사들이 거기에 몰려 있는 이유를 정당화하는 궁색한 핑계거리에 불과하고, 브라질 상파울루 대학에 베타트론(자기유도 전자가속기)을 갖다놔 봐야 가르칠 교수 하나 없다는 것도 잘 안다.

하지만 불행히도 라틴아메리카 사람 대다수가 아직도 분명히 받아들이지 못하는 사실이 있다. 지금 세대는 물론이고 다음다음 세대까지도 여전히 그들은 어떤 종류의 자동차도 소유하기 어려울 것이고, 병원 치료나 초등학교 교육조차 받기 어렵다는 사실이다. 우리는 이처럼 분명한 사실에 대해서도 애써 의식하지 않으려는 경향이 있다. 우리의 상상력이 막다른 끝에 이르렀다는 걸 인정하고 싶지 않기 때문이다. 인간이 만든 제도는 어찌나 설득력이 강한지 우리의 취향뿐 아니라 앞날의 가능성에 대한 감각까지도 형성한다. 이제 우리는 자동차나 비행기 없이는 오늘날의 이동이 어떻게 가능한지 생각하기 어렵게 되었다. 오늘날의 의료 개념이라는 것도 이미 죽어가는 환자의 생명을 늘리는 능력만 강조한다. 복잡한 학교제도와 장기간 훈련받은 교사 없이는 더 나은 교육을 생각조차 할 수 없다. 높은 비용으로 서비스를 생산하는 거대 제도들이 상상력의 지평마저 제한하고 있는 것이다.

우리 자신의 세계관을 구현한 것이 제도이지만, 지금 우리는 거꾸로 그것의 포로가 되었다. 공장, 언론, 병원, 정부, 학교가 생산하는 패키지 상품과 서비스는 우리의 세계관을 가두는 역할을 하고 있다. 그로 인해 부유해진 우리들은 이런 제도들을 늘리는 것을 진보라고 말한다. 빠른 이동능력이란 GM이나 보잉사가 제공해준 고급스럽고 안락한 상품을 가리키며, 복지 향상이란 의사와 병원을 늘려서 환자의 고통을 연장시키기만 하는 의료 상품을 더 많이 공급하는 것이라고 생각한다. 더 많이 배우고 싶다는 욕구는 교실에 더 오래도록 머물러 있으라는 요구로 바뀌었다. 다시 말해서 보호구금, 직업 능력, 투표권 행사 방법 등을 하나의 상품으로 묶어 '교육'으로 가르치고 있는 것이다. 이렇게 묶은 패키지 상품에는 기독교, 자유주의, 또는 공산주의 가치를 억지로 주입하는 것까지 들어있다.

채 백 년도 되지 않아 산업사회는 인간의 기본적 필요에 대한 독점적 해결책들을 만들어냈다. 그와 함께 산업사회는 창조주가 인간의 필요를 상품에 대한 수요로 바꾸었다는 종교로 우리를 개종시켰다. 이런 상황은 북대서양 국가뿐 아니라 러시아나 일본도 마찬가지다. 소비자는 상품에 금방 싫증을 내게끔 훈련받는다. 이 말은 똑같은 상품 꾸러미를 품질과 포장만 살짝 바꿔 공급하는 생산자에게 소비자가 지속적 충성을 바치게 한다는 뜻이다.

산업사회는 시민 대다수에게 그런 상품 패키지들을 개인별로 소비하도록 공급할 능력이 있다. 그렇다고 해서 산업사회가 건강하다거나 경제적이라는 증거는 될 수 없으며, 삶을 향상시킨다는 증거도 될 수 없다. 오히려 진실은 정반대일 것이다. 소비자가 패키지 상품과 서비스를 소비하는 일에 능숙할수록 삶의 환경을 스스로 만들어내는 일에는 무능해진다. 끊임없이 나오는 새 모델 상품을 구입하는 데 에너지와 돈을 다 써버리기 때문이다. 결국 소비자들은 그의 소비 습관이 만들어낼 부산물들만을 자기 환경인 양 알고 살아간다.

지금 말하는 패키지 상품들이야말로 인간의 기본적 필요를 충족시키는 데 고비용이 드는 원인이다. 모든 사람이 자가용차를 가지고자 할수록 도시는 만성 교통정체에 시달릴 수밖에 없다. 이 문제를 해결하려면 또다시 터무니없이 비싼 대책을 세워야 한다. 건강이 최대한 오래 사는 것을 의미할수록 환자는 더 특수한 의료의 간섭을 받아야 하며, 그래서 생기는 고통을 줄이기 위해 또 약을 복용해야 한다. 성가신 아이들을 부모한테서 떼어놓고 젊은이들을 거리와 노동 현장에서 몰아내기 위해 학교를 이용할수록 아이들은 학교에서 벗어날 수 없으며, 그래서 생긴 고통을 견디게 하려면 더 많은 보상을 해주어야 한다.

누구를 위한 발전인가

　부자나라들은 호의라도 베풀 듯 가난한 나라에 교통정체와 병원과 교실을 구속복처럼 입혀놓고는 국제적 공용어로 '발전'이라 부른다. 이미 학교화되고 부유해진 구세계 국가들은 자기들을 위한 해결책 패키지들을 제3세계에 떠넘기면서 축복을 나누는 척한다. 그 결과 브라질의 북동부에서는 아직도 100만 인구가 가뭄을 피하려고 800킬로미터를 도보로 걷는데도, 상파울루에서는 갈수록 교통정체가 악화되는 현상이 벌어진다. 인구의 90퍼센트가 거주하는 빈민가에서는 아직도 아메바성 이질 같은 풍토병이 성행하는데도, 의사들은 뉴욕의 특수병원에 가서 몇몇 사람에게나 필요한 의료기술을 연마한다. 기초과학 분야의 심화과정을 밟으려고 미국으로 가는 소수 사람들 중에 정부지원금을 받지 않는 사람은 거의 없다. 이들이 귀국하면 볼리비아의 라파스나 코차밤바 같은 대도시 대학에서 허세 가득한 주제를 연구하며 2류 학자로 거들먹거린다. 이런 방식으로 부자나라들은 자기들 기준으로도 한물간 표준 모델을 수출한다.

　'진보를 위한 동맹'은 저개발국가에게 호의로 준 상품의 좋은 사례이다. 이 동맹은 겉으로 표방한 것과 달리 소비자 계급을 발전시키려는 동맹으로서, 라틴아메리카 민중을 길들이는 게 목적이다. 이 동맹은 남아메리카의 중산층을 북아메리카의 대도시 주류 문화에 물들게 하여 이들의 소비 행태를 근대화하는 중요한 걸음을 내디뎠다. 동시에 나머지 대다수 시민의 열망마저 근대화함으로써 그들에게 맞지도 않는 상품에 대한 수요를 만들고 있다.

브라질에서 도로 위에 나온 자동차 한 대는 50명이 편하게 버스로 이동할 기회를 가로막는다. 냉장고 하나가 팔릴 때마다 마을 공동으로 쓰는 냉장시설을 만들 기회는 줄어든다. 칠레의 저명한 경제학자 호르헤 데 아후마다(Jorge de Ahumada)의 말대로, 라틴아메리카에서 의사와 병원에 쓰는 1달러는 100명의 삶을 앗아간다. 그 돈으로 안전한 식수만 공급해도 100명의 목숨을 구할 수 있기 때문이다. 또한 학교교육에 1달러를 쓰는 것은 다수를 희생시켜 소수에게 특권을 몰아주는 것을 의미한다. 기껏해야 그 돈은 학교에 오래 다닐수록 더 많은 권력과 부와 특권을 누린다는 사실을 아는 사람만 늘릴 뿐이다. 결국 학교가 하는 일이란 학교교육을 잘 받은 사람이 훌륭하다고 가르치는 것밖에 없는 셈이다.

그럼에도 모든 라틴아메리카 국가들이 학교제도를 확충하는 일에 미친 듯이 열중한다. 모든 나라가 세금으로 건은 공적 재원의 최소 18퍼센트 이상을 교육—물론 '학교교육'을 말한다—에 쓴다. 심지어 그 두 배를 쓰는 나라도 많다. 그러나 이러한 대규모 투자에도 불구하고 어떤 나라도 인구의 3분의 1 이상이 5

년 교육을 마치도록 하는 데 성공하지 못했다. 오히려 공급과 수요의 격차만 기하급수적으로 커졌을 뿐이다. 이처럼 학교교 육에서 벌어지는 일은 제3세계를 근대화로 이끄는 대다수 제도 에서도 마찬가지다.

이미 시장에 자리 잡은 상품을 기술적으로 끊임없는 개선하 는 일은 소비자의 이익보다는 생산자의 이익을 위한 것이기 십 상이다. 생산 공정을 복잡하게 만들수록 대규모 생산자만 낡은 모델을 수시로 교체할 수 있기 때문이다. 이 같은 일이 거듭되 면 소비자도 구매하려는 물건의 사소한 품질 개선에만 관심을 갖는다. 여기에 수반되는 요소들 즉 가격 상승, 수명 단축, 용도 제한, 수리비 상승 등은 무시한다. 손으로 따는 통조림 따개가 얼마나 쓸모 있는지 생각해 보라. 전동식 통조림 따개로 뚜껑을 딸 수 있는 통조림은 몇 종류 되지도 않는데 비용은 수백 배가 더 든다.

농기계나 대학 학위도 마찬가지다. 미국 중서부에 사는 농부 는 고속도로에서 시속 100킬로미터로 달릴 수 있는 사륜구동 차가 필요하다고 생각할 수 있다. 그는 자동 와이퍼에 가죽시트 까지 있는 차를 구입해 한두 해를 타다가 새 차로 바꾼다. 하지 만 전 세계 농부 중에 그렇게 빠른 차가 필요한 농부는 거의 없 다. 그렇게 안락한 시트에 앉아본 농부도 없고, 차가 구식이라고 바꾸려는 농부도 없다. 시간을 돈으로 환산하지 않는 세상에서는 운송수단이 느려도 충분하고 와이퍼가 수동이어도 족하다. 중장비 한 대면 평생을 타고 다닐 수 있다. 그들에게 필요한 건 당나귀보다 조금 나은 차다. 그런 차를 만들려면 미국 시장에다 팔려고 만든 제품과는 딴판인 설계와 디자인을 해야 한다. 하지만 그런 차는 생산되지 않는다.

남아메리카 지역 대부분에서는 의사의 지시 없이도 오래도록 제몫을 해낼 수 있는 준(準) 의료인이 필요하다. 하지만 대학에서는 아주 제한된 의료기구 몇 개만으로 혼자 처치를 해낼 수 있는 조산원이나 왕진 치료사를 훈련하는 과정은 개설하지 않는다. 전문적 치료나 의료행정을 가르치는 과정만 있을 뿐이다. 대학은 병원에서만 일할 줄 아는 전문가나, 환자들에게 위험한 약을 많이 파는 방법만 아는 약사를 배출하고 있다.

저개발의 심리

지금 세계는 두 개의 과정이 하나로 엉키는 교착지점에 들어서고 있다. 인구는 자꾸만 늘어나는데, 필요를 충족시킬 기본적 선택 대상은 오히려 줄고 있는 것이다. 인구증가가 널리 입에 오르내리면서 공포심까지 일고 있는 마당이다. 하지만 기본적 선택지가 감소하여 고통이 커지는 문제에는 여전히 관심이 없다. 인구폭발이 상상력을 압도한 탓이다. 게다가 사회적 상상력이 갈수록 위축되는 것도 선택할 수 있는 상품이 그만큼 많아졌기 때문이라고 풀이된다. 두 과정이 막다른 길에서 만나는 셈이다. 인구가 폭발하면서 그 어느 때보다 많은 소비자가 음식부터 피임약까지 모든 걸 공급받고 있는 것도 사실이다. 하지만 그럴수록 사회적 상상력은 고갈되어, 이 소비숭배 사회에서 판매중인 상품 말고는 달리 수요를 충족시킬 방법을 찾지 못하게 되었다.

나는 차례로 이 두 가지 인수(因數)를 살펴보려고 한다. 왜냐하면 이 두 가지가 함께 어울려 저개발사회를 특징짓는 좌표를 만들기 때문이다.

제3세계 대부분의 나라에서는 인구가 증가하면서 중산계급도 늘어났다. 특히 중산계급의 소득과 소비, 생활수준이 모두 향상되었다. 하지만 그들과 대다수 사람의 격차는 더 벌어졌다. 일인당 소비가 늘어난 나라조차 대다수는 1945년 종전 때보다 음식 소비량이 줄었으며, 질병을 치료받을 기회와 직업을 가질 기회도, 사회보장의 혜택도 줄었다. 이것은 무엇보다 소비 양극화로 생긴 결과지만, 전통적인 가족제도와 문화가 붕괴했기 때문이기도 하다. 2차 대전 직후보다 오히려 지금이 기아와 질병으로 고통 받는 사람이 더 많다. 절대치만 늘어난 게 아니라 세계 인구에서 차지하는 비율도 높아졌다.

저개발의 구체적 결과는 모든 분야에 걸쳐 나타난다. 하지만 저개발은 무엇보다 심리 상태이다. 심리 상태와 의식의 형태로 볼 때만 저개발의 심각성을 이해할 수 있다. 심리 상태로서의 저개발은 대중의 필요가 상품에 대한 수요로 바뀔 때 발생한다. 즉 영원히 닿을 수 없는 곳에 놓인 상품 패키지만이 필요의 해결책이 될 때, 저개발의 심리가 생겨난다. 이런 의미의 저개발은 교실, 식량, 자동차, 병원의 공급이 다 같이 늘고 있는 나라일수록 더 급속도로 번져간다. 그곳에서 지배 계층은 애초부터 부유층에 맞게 설계한 서비스들만을 구축한다. 그들이 이런 식으로 수요를 독점해버리면, 나머지 대다수가 필요를 충족할 가능성은 영영 사라지고 만다.

의식의 형태인 저개발은 마르크스와 프로이트의 이른바 '물화'(Verdinglichung, reification)가 극단으로 나타난 경우라 하겠다. 여기서 말하는 물화란 필요를 느끼는 인간의 실제 감각이 대량 생산된 상품에 대한 수요로 딱딱하게 굳어진 것을 말한다. 가령 갈증이라는 감각이 콜라를 마시고 싶다는 욕구로 바뀌는 것이 그러하다. 물화가 일어나는 이유는 거대 관료조직이 인간의 기본적인 필요를 조작하기 때문이다. 그들은 소비자가 될 사람들의 상상력을 가둠으로써 그렇게 한다.

다시 교육 분야로 돌아가 보자. 학교교육의 집중 판촉 때문에 사람들은 학교 가는 것을 교육과 동일시한 결과, 이제는 일상어에서조차 두 용어를 구별 없이 쓰고 있다. 이처럼 전 인구의 상상력이 학교교육에 붙들리거나 학교에서만 공식 교육을 제공받을 수 있다는 믿음이 주입되면, 그때부터 문맹자들은 부잣집 자녀들이 다니는 고등학교와 대학교에 자기가 낸 세금을 써도 괜찮다는 생각을 하게 된다.

저개발은 이처럼 독점 상품의 집중 판촉으로 인해 사람들의 열망이 필요 이상으로 높아질 때 발생한다. 이런 의미에서 지금 발생하는 저개발은 교육의 원래 역할과는 정반대 일을 한다. 교육이란 인간 잠재력의 새로운 차원을 일깨우고 삶을 가꾸는 일에 인간의 창조적 능력을 쓰도록 깨우치는 것이다. 그러나 저개발은 미리 패키지화한 해결책에 사회 전체의 의식을 굴복시키는 것을 의미한다.

상표를 가린 상품들

사람들은 외국산 상품의 판촉으로 인해 저개발이 심화되는 과정을 너무 피상적으로만 이해한다. 빈민가에 코카콜라 공장이 들어서는 것을 보고 분노를 참지 못하는 사람이, 그 옆에 새로운 사범학교가 들어서는 것에는 자부심을 갖는 경우가 흔하다. 그들이 화를 내는 이유는 청량음료에 '멕시-콜라' 같은 자국산 상표 대신 외국 상표가 붙어 있기 때문이다. 그러던 사람이 비용이 얼마가 들더라도 모든 시민에게 학교교육을 제공하자고 하면 기꺼이 동조한다. 학교제도 역시 보이지 않는 상표를 붙이고 세계시장과 깊이 얽혀있다는 사실에는 주의를 기울이지 못하는 것이다.

몇 년 전에 나는 멕시코 중북부 메스키탈 지역에서 높이 20미터의 코카콜라 광고판을 세우는 노동자들을 본 적이 있다. 심각한 가뭄과 기근이 이 고원지대를 휩쓸고 지나간 직후였다. 익스미킬판의 가난한 원주민 집주인이 방문자인 내게 대접할 수 있는 것이라곤 작은 테킬라 잔에 담은 설탕물뿐이었다. 그 기억이 떠오를 때마다 지금도 화가 난다. 하지만 더 화가 났던 건 유네스코 회의에 참석했을 때였다. 이 회의로 말하면, 뜻은 높지만 급여는 더 높은 관료들이 라틴아메리카의 교육제도를 진지하게 토론해보자는 회의였다. 이 열정적인 자유주의자들이 라틴아메리카에는 학교가 더 필요하다고 역설하던 것을 생각하면 지금도 분노가 치민다.

학교 세일즈맨들이 저지르는 사기 행각은 코카콜라나 포드 자동차의 상술보다 덜 노골적이지만 훨씬 치명적이다. 의존성이 훨씬 큰 마약으로 사람을 유혹하기 때문이다. 초등교육 정도라면 무해한 사치품 아니냐고 하겠지만, 그 효과는 안데스 원주민들이 씹는 중독성 강한 코카 잎보다 훨씬 유해하다. 학교교육은 결국 노동자에게 마구(馬具)를 채워 고용주에게 붙들어두는 역할을 한다.

학교교육이라는 처방약은 복용 기간이 길면 길수록 약을 끊을 때 오는 우울증도 심하다. 중학교를 중퇴한 이가 느끼는 열등감은 초등학교 3학년 때 중퇴한 이보다 더욱 쓰라릴 수밖에 없다. 지금 제3세계에서의 학교들은 과거 어느 때 교회보다 효과가 강한 아편을 주무르고 있다. 한 사회의 의식이 점점 학교화하면서 다른 사람에게 열등감을 느끼지 않고 살아가는 감각도 서서히 사라지고 있다. 대다수 인구가 농촌에서 도시로 이주하면서, 농사꾼이 선대로부터 어쩔 수 없이 물려받았던 열등감은 학교 낙오자의 열등감으로 바뀌었다. 실패의 책임이 누구도 아닌 바로 자신에게 있다는 열등감이다. 이처럼 학교는 과거의 교회보다 훨씬 철저하게 사회적 신분에 신성한 기원이 있는 것처럼 합리화한다.

지금까지는 라틴아메리카의 어느 나라에서도 젊은이가 코카콜라나 자동차를 소비하지 않는다고 해서 범법자로 규정하는 곳은 없었다. 하지만 학교 중퇴자에 대해서는 모든 나라가 시민의 법적 의무를 다하지 않은 사람으로 규정한다. 최근 브라질 정부는 학교교육의 법적 의무연한과 무상교육 기간을 두 배 가까이 늘렸다. 이제부터 16세 이전에 학교를 중퇴한 브라질 사람은 법이 보장한 혜택도 찾아먹지 못한 사람으로 평생 매도당하며 살아야 한다. 아무리 후하게 계산해도 젊은이의 25퍼센트만이 중학교를 졸업하는 나라에서 그런 법안을 통과시킨 것이다.

국제 기준에 학교교육을 맞추겠다는 것은 곧 대다수 라틴아메리카 사람들을 영원히 주변부로 밀어내고 사회생활에서 배제하겠다는 뜻이다. 이것이야말로 저개발이다.

소비수준의 향상을 사회적 목표로 이해하는 것은 몇몇 나라만의 일이 아니다. 모든 나라가 문화나 정치 이념, 지리적 경계와 상관없이 그 나라만의 자동차 공장, 병원, 사범학교를 세우려고 한다. 하지만 그래봐야 기껏 외국, 특히 북아메리카 모델을 조악하게 모방하는 데 그칠 뿐이다.

제3세계만의 대안

지금 제3세계는 기존의 제도를 근본적으로 혁신하지 않으면 안 될 처지에 놓여 있다. 지난 세대까지의 혁명은 대부분 정치적이었다. 새로운 정치이념을 앞세운 일단의 사람들이 나타나서는 새로운 고객 집단을 위해 권력을 달라고 하고서는 과거와 똑같은 학교제도, 의료제도, 시장제도를 운영했다. 하지만 제도가 근본적으로 바뀌지 않은 탓에 새로운 고객 집단이라고 해야 과거 권력이 봉사했던 고객 범위와 거의 다를 게 없었다. 이 점은 특히 교육 분야를 보면 분명하다. 오늘날에는 학교교육의 질을 평가하는 기준을 전 세계가 공유하고 있기 때문에, 학교교육에 드는 학생 일인당 비용을 객관적으로 비교해볼 수 있다. 공적 자금을 쓰는 교육 곧 학교교육의 혜택을 받는 정도는 어느 나라든 정치체제보다 일인당 국민소득에 달려 있는 것을 알 수 있다.(중국이나 사회주의베트남 같은 나라는 예외일지 모르겠다.)

제3세계 어디서나 볼 수 있는 현대적 제도는, 바로 그것들이 복제하려고 하는 평등주의 목표로 봐도 형편없이 비생산적이다. 하지만 이런 제도가 아무리 견고해도 대다수 시민의 사회적 상상력이 아직 살아있는 한, 제도 혁명을 도모할 희망은 부자 나라보다 제3세계에 더 많이 남아있다. 따라서 지금 시급한 과제는 '현대적'이라 부르는 이 해법들을 대체할 효과적 대안들을 찾는 것이다.

저개발은 많은 나라에 이미 고착되고 있는 중이다. 더 심화되기 전에 혁명을 시작해야 한다. 교육은 이번에도 좋은 사례다. 교육 분야에서 만성적 저개발은 학교교육 수요가 너무 늘어난 나머지 교육에 쓸 자원 전체를 학교에 집중하라는 요구에 대해 어떤 정치적 반대도 할 수 없을 때 발생한다. 이런 지경까지 이르면 학교와 교육은 아예 분리할 수 없게 된다.

갈수록 심화되는 저개발을 멈출 수 있는 유일한 방안은 인간의 기본적 필요가 무엇인지를 다시 확인하여 그것에 부응하는 것이다. 각 나라마다 다르게 마련인 자본 구조에 맞춰 장기적 안목으로 기본적 필요를 다시 계획하는 것이다. 물론 기존의 제도, 서비스, 생산물에 대한 대안을 말하는 건 그것을 정확하게 정의하는 일보다 쉽다. 하지만 이 글의 목적은 유토피아를 그리거나 미래의 대안으로 가는 시나리오를 쓰는 것이 아니다. 여기서는 장차 수행할 연구에 지침이 되도록 몇 가지 사례를 나열하는 것으로 충분하다.

그런 사례는 이미 몇 가지가 나와 있다. 버스는 수많은 자가용차를 대신할 대안이다. 험한 지형을 천천히 이동하도록 설계한 차량은 일반 트럭의 대안이다. 안전한 식수만 공급해도 고비용 수술을 상당 부분 대신할 수 있다. 의료 노동자가 의사와 간호사의 대안이 될 수도 있다. 마을 공동의 냉장시설은 값비싼 주방 설비의 대안이다. 그 밖의 다른 대안도 여럿이 머리를 맞대고 토론할 수 있다. 예컨대 동력에 의존하는 이동 대신 보행을 장기적 대안으로 삼아 도시계획가에게 어떤 것을 요구할지 생각 못 할 이유가 없지 않은가? 또 주택 건축양식을 표준화하고 자재를 규격화한 다음, 모든 시민이 의무적으로 일 년 동안 자기 집을 쾌적하게 짓는 법을 공공기관에서 배우게 할 수 있지 않을까?

소수를 위한 교육 대신에
모두를 위한 교육을

교육 분야에서는 대안을 말하기가 조금 어렵다. 부분적으로는 학교가 이미 좋은 목적, 상상력, 자금과 같은 유용한 교육 자원을 탕진해 버렸기 때문이다. 하지만 이 분야에서도 앞으로의 연구가 나아갈 방향을 위해 지침을 세울 수 있을 것이다.

오늘날 학교교육이란 학생들을 학년별로 나누고 교과과정을 짜서, 한 해도 건너뛰지 않고 해마다 천 시간씩 수업을 듣게 하는 것을 말한다. 라틴아메리카 나라에서 시민 각자에게 제공할 수 있는 교육 서비스 기간은 평균하면 8개월에서 30개월 사이이다. 그렇다면 의무교육 기간을 1년에 1개월 내지 2개월로 줄여서 30세 이하 시민 모두 교육을 받도록 하지 못할 이유가 없지 않은가?

현재 교육에 배정하는 자금 대부분은 아이들에게 쓰이고 있다. 하지만 아이 한 명을 가르치는 데 드는 시간과 비용의 10분의 1만으로도 어른 한 명에게 읽기를 가르칠 수 있다. 성인 교육은 투자 효과가 금방 나타난다. 교육을 받으려는 이유가 새로운 깨달음을 얻는 데 있든, 정치적 각성을 위해서든, 아니면 가족계획 방법을 배워 미래를 책임지려는 자세를 가지려는 데 있든 다 마찬가지다. 심지어 자신의 생산성을 높이는 데 관심이 있다 해도 마찬가지다. 또한 성인은 교육을 받고 나서 다시 자녀를 가르치거나 다른 성인을 교육할 수 있기 때문에 효과가 두 배로 나타난다. 이렇게 이점이 많은데도 라틴아메리카에서는 기초 문맹 교육에 아주 적은 지원만 하거나 그마저도 안 하는 경우가 많다. 왜냐하면 모든 공적 자원을 학교에 최우선으로 배정하기 때문이다. 더 심각한 것은, 브라질 같은 나라에서는 이런 성인 교육 과정을 무자비한 탄압한다는 사실이다. 새로 정권을 잡은 군부가 봉건 지주와 산업 독과점 편을 드느라 예전 정부가 쓰던 자비로운 가면마저 벗어던졌기 때문이다.

그밖에 다른 대안으로는 무엇이 있을지 설명하기가 어렵다. 아직 거론할 만한 사례가 없기 때문이다. 따라서 당장에는 교육 분야의 공적 자원을 나누어 모든 시민에게 최소한의 기회라도 돌아가게 분배하는 방법만 상상해보도록 하자. 교육을 대다수 유권자의 정치적 관심사로 만들려면, 교육 자원을 누가 만들었고 그것을 어떻게 청구해야 하는지 각 개인이 정확하게 인식할 수 있어야 한다. 미국의 제대군인지원법[30] 같은 제도를 보편적으로 적용하는 방식도 생각할 수 있다. 즉 교육에 배정된 공적 자금 전체를 법적 취학 연령에 해당하는 아동 수로 나눈 다음, 이 아이가 7세, 8세, 9세까지도 그 혜택을 누리지 못하면 권익을 적립했다가 10세에 찾아 쓸 수 있게 보장하는 것이다.

라틴아메리카 공화국들이 초라한 교육적 혜택이나마 아이들에게 제공할 수 있다면 무엇이 있을까? 정말로 가난한 집에서

---

30 GI Bill of Rights. 미국에서 2차 대전과 한국전쟁 직후 사회에 쏟아져 나온 퇴역 장병들을 위해 교육, 주택, 의료, 직업훈련의 혜택과 특히 대학 진학의 기회를 제공했던 프로그램. 기회 보상의 명분이 있었다.

는 책, 그림, 집짓기 블록, 게임 도구, 장난감 같은 거의 모든 기초 교구도 전혀 갖추기 어려운 형편이다. 반면에 중산층 아이는 알파벳, 색색의 물감, 도형, 기타 교구 및 아이의 교육 발달에 맞춘 경험까지 모든 것을 가질 수 있다. 정부가 이런 학습도구들과 학교 중 어느 쪽을 선택해 돈을 써야 할지는 분명하다. 불행히도 가난한 사람들은 시험 삼아 이런 선택을 할 수 없다. 선택이 바로 현실로 이어지기 때문이다.

근본적 대안을 찾는 연구

현재 각 분야를 선점한 생산물과 제도에 대한 대안을 내놓기란 쉽지 않다. 앞에서 살펴본 것처럼, 이들 생산물과 제도가 현실에 대한 우리 감각 자체를 형성해서만은 아니다. 새로운 대안은 우연히 떠오르는 발상과 달리 훨씬 강도 높게 의지와 지성을 집중할 때 비로소 구축이 가능하기 때문이다. 그런데 지난 세기를 거치면서 우리는 본질은 제쳐 놓고 특정 문제를 해결하는 데만 의지와 지성을 집중하는 연구에 익숙해졌다.

지금 내가 말하려는 연구가 어떤 종류인지부터 분명히 해야겠다. 나는 지금 물리학, 공학, 유전학, 의학, 교육학 분야의 기초 연구를 지적하려는 것이 아니다. DNA 구조를 밝힌 프랜시스 크릭이나 교육심리학자 장 피아제, 입자물리학자 머리 겔만

같은 사람의 연구는 다른 과학 분야에 대한 우리 인식의 지평을 넓히기 위해서라도 계속되어야 한다. 하지만 이들도 실험실이나 도서관, 전문적으로 훈련받은 조력자들이 필요하기 때문에 전 세계의 몇 안 되는 연구 중심지로 모여들 수밖에 없다. 이들의 연구가 뭔가 실용적인 생산물을 만드는 작업의 토대를 제공하는 것도 이 때문이다.

그렇다고 해서 지금 내가 응용 연구에 해마다 수십억 달러를 쓰는 현실을 지적하려는 것도 아니다. 그보다는 이 돈 대부분이 기존 기관이 만든 제품들을 개선하고 판촉하는 데 쓰인다는 사실을 말하고 싶은 것이다. 응용 연구에 들어가는 돈은 주로 비행기를 더 빠르게 날게 하고 착륙장을 더 안전하게 만드는 일에 쓰인다. 의료기술을 더 전문화하고 강화하여 의사들이 초래한 치명적 부작용을 의사들 스스로 관리하게 하는 데 사용된다. 또한 교실에 더 많은 학습거리를 던져주거나 거대 관료체제를 운영하는 방법을 고안하는 데 쓴다. 그러나 이런 연구들은 어쨌든 증거로나마 남겨둬야 한다. 우리가 자동차, 병원, 학교 등 이른바 '현대인의 삶에 꼭 필요한 도구'라 부르는 것들에 대한 기본 대안을 제시하는 그때를 위해서라도 말이다.

나는 지금 전혀 색다르고 어려운 연구, 지금까지 많은 사람이 무시해온 연구를 떠올리고 있다. 여기에는 분명한 이유가 있다. 나는 현재 시장을 점령한 제품들에 대한 대안을 연구하라고 요구하는 것이다. 죽어가는 환자의 수명을 연장하는 데만 몰두하는 병원과 전문의를 대신할 대안을 연구하라고 요구하는 것이다. 나이 들 때까지 배움의 기회를 갖지 못한 사람들, 교육과정을 제대로 밟지 못한 사람, 여러 학기가 이어지는 동안 자퇴하지 않고 계속 교실에 있기가 어려운 사람, 배움의 대가로 강요하는 보호구금이나 선별평가, 자격증에 대한 복종을 거부하거나 지배 엘리트의 가치를 주입받지 않으려는 사람, 이런 사람들에게서 교육 기회를 빼앗는 학교와 교육과정에 대한 대안을 찾자고 요구하는 것이다.

이러한 대항적 연구, 곧 현재 통용되고 있는 패키지 해결책들에 대한 근본적 대안을 찾는 연구는 가난한 나라들이 살 만한 미래로 나아가는 데 결정적으로 필요한 요소다. 이 연구는 '새천년'을 준비한다는 명목 아래 이루어지는 대다수 연구들과는 다른 것이다. 왜냐하면 그런 연구들이 아무리 근본적 변화를 모색한다고 해도, 대개는 이미 선진화된 기술 체계와 긴밀히 결합한 사회 형태 안에서 변화의 실마리를 찾으려 하기 때문이다. 내가 말한 대항 연구는 제3세계가 지속적으로 겪는 자본 결핍 문제를 일차적 전제로 삼고 진행하는 것이 아니면 안 된다.

이런 연구가 어려운 것은 분명하다. 연구자는 첫째로 모두의 눈에 명백한 것마저 의심해야 한다. 둘째로는 정책 결정권을 가진 이들에 대해 눈앞의 개인적 이해를 좇지 말라고 설득해야 하며, 경우에 따라서는 압력도 행사해야 한다. 마지막으로, 연구자는 스스로 근본적 변화를 일으키려는 세상에 개인으로서 끝까지 살아남아 소수 기득권층에 가담한 동료들에 대해 그들 모두가 서있던 자리를 무너뜨린 그 사람이 되어야 한다. 이렇게 하여 그가 가난한 사람의 이익을 대변하는 데 성공하면, 기술적으로 선진화된 사회조차도 '가난한' 이들이 그런 비전을 실현해냈다며 부러워할 것이다.

개발 정책을 입안하는 이들은 그들이 일하는 곳이 북아메리카건 남아메리카건 러시아나 이스라엘이건 늘 정해진 길을 따른다. 그들은 '발전'을 정의하고, 익숙한 방식으로 목표를 세우고, 자기들의 필요를 채우는 데 그 목표를 이용하고, 자신들이 권력을 갖고 통제하는 제도를 통해서만 정책을 실행한다. 하지만 이 공식은 실패했으며, 실패할 수밖에 없다. 이들의 노선을 따라 발전을 도모하기에는 이 세상에 있는 돈이 충분치 않기 때문이다. 초강대국의 군사비와 우주개발 예산을 그쪽으로 다 돌린다 해도 그러하다.

정치 혁명을 일으키려는 이들도 비슷한 길을 따르며, 특히 제3세계에서 그러하다. 그들은 한 목소리로 기존 엘리트들이 누리던 학교교육이나 의료보호 같은 특혜를 모든 시민에게 제공하겠다고 약속한다. 이 공허한 약속이 가능한 이유는, 정치체제만 바뀌면 특혜를 생산하는 제도도 충분히 늘릴 수 있다는 믿음이 있기 때문이다. 내가 제안한 대항 연구는 독점 생산자들의 시장뿐 아니라 이런 혁명가들의 약속과 호소에도 타격을 입힐 것이다.

베트남 사람들은 자전거와 뾰족하게 깎은 죽창만으로 최첨단 무기와 지금껏 개발된 제품들을 멈추게 했다. 우리는 제3세계에서 인간의 독창성만으로도 기계의 위력을 충분히 넘어설 수 있는 생존의 길을 찾아야 한다. 저개발의 심화라는 이 비참한 흐름을 뒤집을 유일한 방안은, 기존의 해결책들을 필수적인 것으로 보는 마음을 버리고 그것들을 비웃는 것이다. 오직 자유인만이 자신의 마음을 변화시킬 수 있고 그 사실에 놀라움을 느낄 수 있다. 완전히 자유로운 사람은 없을지라도, 자유를 남보다 더 누리는 사람은 있는 법이다.

제12장

새로운 혁명의 원리

A Constitution for Cultural Revolution

이 글은 브리태니커가 매년 펴내는 『위대한 사상』
(Great Ideas)에서 기고 요청을 받고 쓴 것이다. 이 책의
결론으로 잘 맞을 듯해서 여기에 싣는다. 이 글을 쓴
목적은 기술 사회에서 현재 벌어지는 문화 혁명[31]을
뒷받침할 기본 원칙에 대해 토론을 이끌어내기
위해서다. 글이 처음 실린 곳은 브리태니커 백과사전이
펴낸 『오늘의 위대한 사상 1970』이다.

•

지난 10여 년 동안 우리는 세계를 두 부분으로 나누어 보는
일에 익숙해졌다. 하나는 선진국이고, 다른 하나는 후진국이
다. 개발 비즈니스에 몸담은 사람이면 전자를 개발국(developed
nation), 후자를 저개발국(less developed nation) 내지 개발도상국
(developing nation)으로 부르고 싶을 것이다. 이런 용어법에는 '개
발'은 좋은 것이며 불가피한 것이라는 의미가 들어 있다. 반면

---

31 Cultural Revolution. 이 글에서 말하는 '문화 혁명'은 중국의 문화혁명이나 1968년
유럽, 미국에서 벌어진 반문화 운동과는 다른 것이다. 대량생산과 기술에 의존한 산업
사회를 넘어서는 제도와 의식의 혁명을 말한다.

에 혁명적 변화를 주장하는 사람은 '제3세계'라는 말을 즐겨 쓴다. 그들은 지구상의 비참한 사람들이 제국주의 권력에 대항하는 무장봉기를 일으켜, 기존 제도에 대한 통제권을 북반구에서 남반구로, 백인에서 흑인으로, 거대도시에서 식민지 변방으로 옮겨놓길 기대한다.

개발이 무엇을 의미하는지 보여주는 비근한 사례는 남북아메리카에 대한 록펠러 보고서가 있다. 닉슨 대통령은 보고서에 담긴 신조를 이렇게 요약했다. "오늘밤, 저는 여러분께 약속합니다. 미국은 인류의 평화를 위해 달에 착륙한 나라로서 이 기술을 가까운 이웃나라와 평화롭게 지내기 위해 사용할 준비가 되어 있습니다." 바꿔 말해서 이 통치자는 약속을 지키기 위해 남아메리카에 무기를 더 많이 보내야 한다고 제안하고 있는 것이다.

개발을 위한 동반자 관계를 담은 「피어슨 보고서」는 훨씬 세련된 방식으로 개발의 사고방식을 보여준다. 이 보고서에서 제안하는 정책대로라면 '소비자 국가'라는 매력적 대열에 합류하는 나라가 몇몇 나올 수도 있겠다. 하지만 이 나라들에서 인구 절반을 차지하는 가난한 이들은 더욱 가난해질 것이다. 왜냐하면 보고서가 제안하는 전략이란 게, 상품과 서비스를 통째로 비싸게 팔아 가난한 이들 손에 들어가지 못하도록 하는 것이기 때문이다. 내가 아는 가장 혁명적인 운동과 정부들—마오쩌둥의 중국에 관해서는 아는 바가 없어서 제외한다—이 내세우는 정책 목표들도 또 다른 형태의 냉소주의를 보여준다는 점에서는 다를 게 없다. 이 지도자들 역시 무망한 약속을 내건다. 충분히 오래 권력을 잡기만 한다면 그동안 부자의 특권으로만 알고 부러워하던 것 모두를 생산하여 대중에게 분배할 수 있다는 것이다.

이처럼 개발의 납품업자건 혁명의 설교자건 똑같은 것을 공언하는 점에서는 차이가 없다. 그들이 정의하는 교육 확대는 학교를 더 많이 짓는 것이고, 의료 향상은 의사를 늘리는 것이며, 이동능력 증대는 속도 빠른 차량을 늘리는 것이다. 하지만 미국이라는 산업체의 세일즈맨과 세계은행의 전문가, 그리고 빈민을 위해 권력을 잡으려는 이념가 모두 잊모르는 사실이 있다. 아무리 세대가 바뀌어도 심장수술이나 대학학위는 여전히 대다수 손이 미치지 못하는 곳에 있을 거라는 점이다.

발전인가, 양극화인가

개발의 목표는 시대나 지역에 상관없이 북대서양 국가에 표준적인 소비자 가치를 기준으로 한다. 따라서 시대와 지역에 상관없이 언제나 소수에게 더 많은 특권을 준다는 뜻이 들어있다. 정치권력을 재편하는 것만으로는 이런 현실을 바꿀 수 없다. 오히려 이 현실을 합리화할 따름이다. 즉 새로운 정치이념이 등장

해도 특권적 소비층이 새로 생겨날 뿐, 심장수술이나 대학교육은 여전히 높은 가격표가 붙은 채 대다수와는 동떨어진 소수만의 것으로 남는다는 얘기다. 여기서 소수란 부유층, 주류세력, 그리고 의사나 교육자가 가장 매력적인 실험대상으로 여기는 사람들을 말한다.

저개발은 사회주의 국가에서나 자본주의 국가에서나 다 같이 어떤 정신 상태에서 나온 결과이다. 지금의 개발이 추구하는 목표는 바람직하지도 않으며 실현 가능하지도 않다. 애석하지만 반제국주의도 해결책일 수 없다. 가난한 나라들에 대한 수탈이 부정할 수 없는 사실이기는 해도, 지금의 민족주의는 식민지 엘리트들에게 부자나라가 닦아놓은 길을 따라 역사를 되풀이하라고 권력을 승인해주는 것에 불과하기 때문이다. 그 길의 종착지는 세계 시장에 출시된 부자나라의 상품 패키지들을 너나할 것 없이 소비하는 세상이다. 이 길은 결국 모두가 공해에 시달리고 모두가 좌절하는 세상으로 우리를 이끈다.

우리 시대의 핵심 문제는 부자는 갈수록 부자가 되고 가난한 사람은 갈수록 가난해진다는 사실이다. 이 엄연한 사실은 정반대로 보이는 사실 때문에 종종 혼동을 일으킨다. 오늘날 부자나라에서는 가난한 사람까지도 루이 14세는 꿈도 꾸지 못했던 상품을 양적, 질적으로 기대할 수 있다. 개발도상국으로 불리는 나라들 역시 선발 산업국이 그 단계에서 성취했던 경제성장률보다 훨씬 높은 성장률로 발전하고 있다. 아이스박스에서 화장실까지, 항생제에서 텔레비전까지, 온갖 편의물품들이 할렘에서마저 필수품으로 소비되는 광경은 마운트 버논의 저택에 살던워싱턴으로서는 상상도 못했을 것이다. 마찬가지로, 19세기 남아메리카 독립영웅인 시몬 볼리바르 역시 카라카스에서 지금과같은 사회 양극화가 일어날 줄은 전혀 내다보지 못했을 것이다. 부자나라의 최저 소비 수준이 아무리 내려가고 가난한 나라 도시민의 최고 소비 수준이 아무리 올라가도 부자나라와 가난한나라의 격차는 줄지 않을 것이며, 한 나라 안에서 부유층과 빈곤층의 격차도 좁혀지지 않을 것이다. 현대의 가난은 세계 시장을 산업국가의 중산층 이념에 억지로 맞추는 과정에서 부산물로 생긴 것이다. 따라서 이 가난은 한 나라만이 아닌 다국적 공동체 안에 구축된 것이다. 표준화된 상품을 더 많이 생산하라는선전활동으로 수요가 조작된 곳이라면 어디서나 볼 수 있다는것이다. 이런 시장에서는 사람들의 기대 수준도 똑같이 표준화되어 있으며, 늘 팔 수 있는 자원을 초과해 형성되어 있다.

미국에서는 모든 이들이 엄청난 번영을 누리는 덕분에 실질빈곤층의 소득 수준이 중위소득[32]에 비해 빠르게 높아지고 있다. 반면 자본 결핍 국가에서는 중위소득이 평균소득에서 빠르

---

32 median income. 최상위 소득과 최하위 소득의 중간값. 부의 심한 편중으로 인해 평균소득이 대다수 사람의 소득보다 높게 나타날 경우 중위소득을 참고한다.

게 멀어지고 있다. 미국에서는 부자와 가난한 사람에게 다 같이 팔려고 제품을 생산하지만, 이 제품이 다른 나라에 가면 소수를 빼고는 사기 어려운 물건이 된다. 부자나라나 가난한 나라나 사람들의 기대치가 같은 한, 한 양쪽 나라의 소비는 양극화될 수밖에 없다.

문화 혁명의 의미

앞으로 10년 동안 우리가 새로 배워야 할 언어는 개발이나 저개발을 말하는 언어가 아니다. 그보다는 인간, 인간의 욕구, 인간의 잠재력 등에 대해 옳고 그름을 논할 수 있는 언어를 배워야 한다. 세계 곳곳에서 추진하는 경제개발 계획은 억압의 형태로든 저항의 형태로든 폭력을 낳게 되어 있다. 이런 폭력이 일어나는 이유는 자본가들의 의도가 사악해서도 아니며, 공산주의자들의 이념이 경직되어서도 아니다. 그보다는 우리에게 산업시대 초기에 생긴 산업제도와 복지제도의 부산물을 견뎌낼 능력이 근본적으로 부족하기 때문이다. 1960년대 후반이 되자 인간에게 산업 발전의 결과를 견뎌낼 능력이 있는가 하는 문제가 갑자기 주목을 받기 시작했다. 1960년대를 거치면서 인류의 10퍼센트도 안 되는 사람들이 세계 자원의 50퍼센트 이상을 소비하고, 생물권을 절멸에 빠뜨릴 오염 물질의 90퍼센트를 생산

한다는 사실이 분명해졌기 때문이다. 하지만 이런 사실조차 개발이 가져온 역설적 결과의 단면에 불과하다. 앞으로는 복지제도 때문에 그런 퇴행적 결과가 일어날 게 분명하다. 일반적으로 '발전'으로 여기는 사회복지, 의료, 교육이 국경을 넘어 제도가 되면서 마찬가지로 인간이 견뎌낼 수 없는 파괴적 부산물을 쏟아낼 것이기 때문이다.

이제 우리에겐 경제개발뿐 아니라 단순한 정치 혁명에 대해서도 대안이 될 프로그램이 필요하다. 나는 이 대안적 프로그램을 '제도 혁명' 또는 '문화 혁명'이라 부르고자 한다. 왜냐하면 이 혁명은 공적인 현실과 사적인 현실 모두를 바꾸는 데 목적이 있기 때문이다. 정치 혁명가는 그저 기존 제도를 더 낫게 개선하고 싶어 한다. 제도의 생산성, 생산품의 질, 분배 방식만 개선하려고 하는 것이다. 바람직한 것, 실현가능한 것에 대한 그의 안목이라고 해봐야 겨우 지난 백 년 간 생겨난 사람들의 소비습관에 바탕을 둔 것이기 때문이다. 하지만 문화 혁명가는 이런 습관이 인간을 보는 우리의 관점을 근본적으로 왜곡시켰다고 믿는다. 문화 혁명가는 모두가 당연하게 생각하는 현실에 대해 의문을 품는다. 그가 보기에 지금의 현실이란 단기적 목표를 위해 현행 제도를 만들고 강화한 데서 생겨난 인위적 부산물에 지나지 않는다. 정치 혁명가는 부자나라가 자기나라에 맞춰 설계한 환경을 따라잡기에 급급하여 학교교육을 확대하고 기술을 향상하는 데만 집중한다. 반면에, 문화 혁명가는 인간 자신의 교육 가능성에 미래를 건다.

문화 혁명가는 이들 정치 마술사뿐 아니라 과학기술에 저항하는 네오러다이트(neo-Luddite) 운동가나 첨단기술의 연착륙을 도모하는 중간기술(intermediary technology) 옹호자와도 다르다. 네오러다이트들은 '고결한 야만인'[33]을 다시 왕좌에 앉히거나 제3세계를 이들의 보호구역으로 바꿀 수 있을 것처럼 행동한다. 그들은 내연기관을 소유한 사람이 그 내연기관을 가지고 자기에게만 필요한 제품을 생산하는 데 반대하는 게 아니라, 내연기관 자체를 반대한다. 그러므로 그들이 반대하는 것은 결국 생산자이다. 하지만 제도 혁명가는 제품의 설계와 분배 방식을 재편하려고 한다. 생산자와 생산기계 자체를 비난하는 러다이트들과 달리, 문화 혁명가는 기계가 불필요한 수요를 만들어낸다는 자각을 불러일으키려 한다. 문화 혁명가는 중간기술 옹호자들과도 다르다. 중간기술 옹호자들은 뛰어난 전략가처럼 보일 때도 있지만, 사실은 조작된 소비로 가는 길을 매끄럽게 포장하는 역할을 할 뿐이다.

---

33 noble savage. 장-자크 루소가 처음 쓴 표현. 폭력과 경쟁으로 얼룩진 문명 이전의 평화롭고 이타적인 자연 상태의 인간을 상정한 말이다.

'학교'라는 이름의 도박

내가 '문화 혁명'이라는 단어로 무엇을 말하려고 하는지는 나라마다 채택한 주요 제도 하나만 보면 알 수 있다. 그것은 바로 교육을 생산하는 제도이다. 물론 여기서 말하는 교육은 의무 학교교육이다. 학년별로 짠 교과과정에 특정 연령 집단을 장기간 출석시키는 제도를 말한다.

라틴아메리카는 학교 자체를 개발의 대상에 넣기로 결정했다. 그러나 이런 결정은 결국 열등감만 스스로 생산하는 결과로 나아갈 것이다. 학교를 새로 세울 때마다 타락할 제도의 씨앗을 하나씩 심는 것이다. 그것도 성장이라는 이름으로 말이다.

학교는 개인의 삶에 영향을 줄 뿐만 아니라 국가의 성격까지도 결정한다. 개인이야 불리한 거래를 하는 것에 불과하지만, 국가가 나서서 자국 시민이 국제적 경쟁을 잘 치르도록 도움을 주겠다며 학교를 계속 세우다 보면 그 국가는 능력을 잃고 회복 불능의 상태에 빠진다. 물론 개인에게도 학교는 도박이다. 돈 딸 확률이 거의 없는 도박판인데도 모든 사람이 대박을 꿈꾼다. 전문 도박꾼들은 잘 알겠지만, 늘 마지막에 돈을 따는 건 부자들이고 거기에 낚이는 건 가난한 사람들이다. 가난한 사람도 잠깐은 도박판에서 버티겠지만 결국 돈을 잃는다는 것은 불을 보듯 뻔하며, 이런 사람이 돈을 잃고서 느끼는 고통은 더 뼈저린 법이다. 라틴아메리카 도시에서 초등학교 중퇴자가 공장 일을 얻기가 얼마나 힘든지 깨닫는 것과도 같다.

배당률이 이렇게 형편없는데도 이 게임에 너도나도 뛰어드는 이유는 이제 도시에는 하나의 게임만 남았기 때문이다. 졸업장을 딸 확률은 거의 없지만, 그래도 세계에서 가장 잘 훈련받은 관료와 대등해질 수 있는 유일한 기회가 학교이기 때문이다. 이 게임에서 실패한 학생들은 처음부터 불리한 패를 받았다는 것을 위안으로 삼을 수밖에 없다.

학교교육이라는 게임에서 패자에게 적은 몫만 돌아가는 게 당연하다고 믿는 사람들이 점점 늘고 있다. 학교가 사람을 정확히 가려낸다는 믿음이 얼마나 강력한지 사람들은 이제 도박꾼이 결과에 체념하듯 자신에게 주어지는 직업적 운명이나 결혼 상대를 순순히 받아들인다. 도시에서는 이 학교-도박에 대한 신뢰가 좀 더 그럴듯한 능력주의로 발전하고 있다. 능력주의란 학교에서 시민 각자에게 정해준 자리가 마땅히 그럴 만하다고 믿는 마음 상태를 말한다. 하지만 실패자가 어떤 변명을 해도 통하지 않을 정도로 완전한 능력주의는 아직 오지 않았다. 나는 그것을 피할 수 있다고 믿는다. 아니, 반드시 피해야 한다. 왜냐하면 완전한 능력주의 사회는 지옥 같은 곳이 아니라, 아예 지옥 그 자체이기 때문이다.

교육 전문가들은 학교에 거는 판돈을 자꾸 올림으로써 전 국민의 도박 본능을 부추긴다. 배당률에 대해서는 전혀 언급하지 않고 대박을 올릴 수 있다고만 선전한다. 만일 어떤 사람이 유색인이고 가난한데다 아르헨티나 팜파스 지대 같은 농촌 출신이라면, 배당률이 정말로 높을 것이다. 법으로 정한 무상 의무교육에 관해서라면 라틴아메리카에서 아르헨티나만큼 자부심이 큰 나라도 없을 것이다. 하지만 이 나라에서조차 인구의 하위 절반 가운데 대학에 가는 사람은 5천 명 중 한 명에 불과하다.

학교교육은 개인에게는 그저 '행운의 바퀴' 같은 게임이지만, 나라 차원에서는 돌이킬 수 없는 저개발의 바퀴를 돌리는 일이다. 최소 몇 년의 학교교육은 받아야 배운 사람 소리를 듣는다는 생각을 가난한 나라가 가지면, 고비용을 요구하는 학교교육 때문에 교육 전체가 희소자원으로 바뀐다. 학교교육이란 자금을 더 많이 써서 더 적은 사람을 교육하는 일이기 때문이다. 부자 나라의 학교 피라미드가 가난한 나라에 들어오면 오벨리스크나 로켓처럼 뾰족하게 치솟은 모양이 된다. 학교는 지금 학교를 다니는 사람이든, 도중에 그만둔 사람이든, 아니면 전혀 다니지 않은 사람이든, 이들 각자가 가진 열등감에 대해 그럴 듯한 이유를 대준다. 하지만 가난한 나라에서 의무로 정한 학교교육이야말로 스스로 열등감에 빠져 있다는 기념비적 증거이다. 학교교육이라는 속임수를 구매하는 것은 어디에도 가지 않을 버스의 뒷좌석 표를 사는 일이다.

볼리비아와 쿠바

이처럼 학교교육은 교육이라는 통에서 가장 밑바닥에 붙은 가난한 나라들을 그럴싸하게 치장해준다. 특히 라틴아메리카의 학교 체제는 한 세기 전부터 꾸었던 꿈이 쌓이고 쌓여 화석처럼 굳은 결과이다. 가장 잘 사는 나라부터 못사는 나라까지 라틴아메리카 곳곳에서 학교 피라미드가 건설되고 있다. 모든 나라가 국가 예산의 20퍼센트 이상, 그리고 GNP의 5퍼센트 남짓을 이런 피라미드를 건설하는 데 쓴다. 교사들은 전문직 가운데 최대 규모를 이루고 있으며, 아이들을 상급학교에 가장 많이 보낸다. 이들은 성인을 위한 기초교육(Fundamental education)마저 학교교육의 기초단계로 정의함으로써 학교에 갈 수 없거나 중퇴한 사람은 받을 수 없는 교육으로 만든다. 아니면 학교교육을 받지 못한 사람에 대한 치료제로 정의함으로써 못 배운 사람을 열등감에서 헤어나지 못하게 만든다. 더욱 우스운 건 가장 가난한 나라마저 대학원 교육에 파격적인 예산을 쓴다는 사실이다. 마치 빈민가에 초고층 펜트하우스를 세우고 그 위에 옥상 정원을 꾸미는 것과 같다.

라틴아메리카에서 특히 볼리비아는 학교라는 치료약을 너무 많이 복용한 나머지 자살의 길로 들어선 나라 같다. 사방이 육지로 둘러싸인 이 가난한 나라는 번영으로 가는 종이 다리를 건설하겠다며 국가 예산의 3분의 1을 공교육에 쓰고 또 그만큼의 반을 사립학교에 쓴다. 그런데 이렇게 탕진하는 교육 예산의 절반 가까이를 학령기 인구의 1퍼센트가 소비한다. 볼리비아에서 대학생에게 쓰는 공적 자금은 중위소득 수준의 시민에게 돌아가는 몫보다 1천 배 이상 많다. 볼리비아의 인구 대다수는 비도시 지역에 사는데, 이들 인구의 2퍼센트만 초등학교 과정을 마치는 실정이다. 이런 상황에서 1967년 초등학교 교육을 의무로 규정한 조치는 차별을 법적으로 승인하는 것이나 다름없었다. 이 법령은 학교에 갈 수 없는 대다수를 범법자로 만들고 학교에 가는 소수를 부도덕한 이기주의자로 만드는 것이기도 했다. 1970년 평등주의를 외치는 목소리가 여기저기서 터져나오자 볼리비아는 대학 입학시험을 폐지했다. 고등학교만 졸업하면 누구나 대학에 갈 권리를 법적으로 보장한 셈이니 얼핏 자유주의적 진전을 이룬 듯하다. 하지만 고등학교 졸업자가 볼리비아 전체 인구의 2퍼센트도 안 된다는 사실을 알고 나면 그런 생각은 들지 않을 것이다.

볼리비아는 라틴아메리카 학교 제도의 극단적 사례일지 모른다. 하지만 다른 대륙에 가서는 하나의 본보기 대접을 받는다. 아프리카나 아시아의 몇몇 나라들도 지금 볼리비아에서 발전이라 믿고 있는 시도를 따라가려 하기 때문이다.

쿠바는 아마도 볼리비아와는 정반대 극단에 있는 사례일 것이다. 피델 카스트로가 일으키려 한 건 주요 부문에 대한 문화 혁명이었다. 그는 기존의 학교 피라미드를 재구성하고자 했다. 즉 쿠바 전체가 앞으로 하나의 거대한 대학이 되어 모든 이들에게 일할 때나 쉴 때나 수준 높은 교육을 제공할 것이므로, 1980년까지는 대학을 모두 폐쇄할 수 있을 거라 장담했다. 하지만 쿠바식 피라미드도 피라미드이긴 마찬가지다. 혁명 이후의 쿠바에서 특권을 재분배하고, 사회적 목표를 다시 설정하고, 놀라운 숫자의 대중이 이 목표에 참여한 건 의심의 여지가 없다. 하지만 결과적으로 쿠바는, 예외적인 정치 환경이 주어지면 기존의 학교 체제를 이루는 저변도 예외적으로 커질 수 있다는 사실만 보여준 셈이다. 그러나 기존 제도가 아무리 탄력성이 크다 해도 태생적 한계가 있기 마련인데, 쿠바는 바로 그 한계점을 향해 가고 있는 중이다. 쿠바 혁명은 이 한계 안에서만 가능할 것이며, 카스트로 박사도 결국에는 그 어떤 자본주의자나 볼셰비키 못지않게 빠른 속도로 부르주아 능력주의로 가는 길을 연 지도자가 될 것이다.

때때로 카스트로는 모두를 위한 학교를 약속하는 대신 모두를 위한 탈학교 교육 정책을 펴겠다는 뜻을 내비친다. 쿠바 제2의 섬인 후벤투드 섬(Isle of Juventud)이 바로 그 실험장인 듯하다. 이 실험장에서는 학교에서 하던 교육 기능을 다른 사회 제도에 재분배하고 있다. 하지만 쿠바 교육자들이 농촌 경제에서 큰 성과를 내는 노동결합 교육이 도시 경제에서 더 효과적이라는 사실을 받아들이지 않는다면, 쿠바의 제도 혁명은 시작에서 그칠 공산이 크다. 사실을 부정하고서는 어떤 문화 혁명도 이룩할 수 없다.

카스트로가 앞으로 10년 안에 고등학교 의무교육을 전면 실시하겠다는 약속을 버리지 않는 한, 사회주의 쿠바도 제도 면에서는 브라질의 파시스트 정권보다 더 희망적일 이유가 없다. 브라질도 쿠바와 비슷한 공약을 내걸었기 때문이다. 브라질이나 쿠바나 1980년대가 되면 지금 태어난 여자아이들만으로 가임기 여성이 두 배가 될 것이다. 그때까지 1인당 교육 재원을 두 배로 늘리는 건 거의 불가능하다. 설사 가능하다 해도 현재까지는 아무것도 진전된 게 없는 상황이다. 개발에 광분한 브라질이나 인도주의적인 쿠바나 오지 않을 고도(Godot)를 기다리는 점에서는 마찬가지인 것이다. 제도적 목표를 근본적으로 바꾸지 않는 한, 군사혁명이든 사회주의혁명이든 자신을 속이는 짓에 불과하다. 쿠바와 브라질은 노선은 딴판이지만, 불행히도 둘 다 바보라는 것을 선언하는 길로 가고 있다. 쿠바는 전체 학교교육 기간에서 약간의 기간을 떼어 일터와 당, 공동체에 배분한 것을 가지고 급진적 교육이라 부르고, 브라질에서는 미국의 교육 전문가들이 들어와 1인당 학교교육 비용을 올려놓을 교육 설비들을 마음껏 팔고 다닌다.

학교교육이 만들어내는 열등감은 가난한 나라에서 더 뚜렷하게 나타나지만, 부자나라에서도 큰 고통을 일으킨다. 미국 인구의 10퍼센트를 점하는 고소득층은 대부분 아이들 교육을 사립학교에 맡겨서 해결한다. 이들은 또한 교육에 배정된 공공 재원을 역시 그들처럼 인구의 10퍼센트인 빈민층보다 10배 넘게 확보하는 데 성공했다. 소비에트 러시아에서는 능력주의를 거의 청교도 신앙처럼 받드는 탓에 학교교육의 특혜가 도시 전문직 종사자의 아이들에게 집중되어 더욱 큰 고통을 만들고 있다.

나라들마다 서있는 학교 피라미드는, 나라들 사이의 계급 구조에 맞춰 그 나라들 간의 카스트 제도가 자라날 수 있는 그늘을 제공해준다. 각 나라가 카스트 계급처럼 서로 서열을 이루고, 한 나라의 교육 수준도 그 나라 시민이 받는 평균 학교교육 기간으로 평가된다. 이런 계급 체제에서도 어떤 시민들은 계급 이동에 성공하곤 한다. 하지만 자기가 가진 능력 덕분에 현재의 자리가 가능했다고 생각하는 체제에서 이런 계급 이동은 그저 상징에 불과하다.

학교 신화에서 벗어나기

정치 혁명가는 자신에게 운영을 맡겨주기만 하면 학교교육의 확대를 통해 배움의 기회뿐 아니라 소득도 늘려주겠다고 약속함으로써 또 한 번 학교교육의 수요를 높인다. 이렇게 하여 그는 기존의 계급 구조와 가난을 현대화하는 데 기여한다. 이들 학교 지지자들이 주장하는 환상을 극복하고 급진적인 탈학교 정책을 위한 초안을 작성하는 과제는 여전히 문화 혁명가들의 과제로 남을 수밖에 없는 것이다.

이 모든 일이 가능한 근본적 이유는 학교교육을 양으로만 보기 때문이다. 사람들은 모자란 것보다는 넘치는 것이 좋으며, 최소 양으로는 최저 가격밖에 받을 수 없다고 생각한다. 하지만 모두가 똑같은 학교교육을 받는 한, 가난한 집 아이가 부잣집 아이를 따라잡을 수 없고, 가난한 나라가 부자나라를 따라잡을 수 없는 건 당연하다. 가난한 아이와 가난한 나라가 교육을 계속 학교에 맡기는 한 부자들과 같은 수준으로 교육받기는커녕 더 가난해지기만 할 것이며, 그러다가 영원히 뒤처지고 말 것이다.

학교에 대한 또 다른 환상은 우리의 배움(learning) 대부분이 교육(teaching)에서 주어진 결과라고 생각하는 것이다. 물론 교육도 특정 상황에서는 무언가를 배우는 데 도움이 될 수 있다. 규칙을 새로 배우라는 숙제를 학교에서 받고 의욕이 충만한 학생이라면, 회초리를 든 선생을 연상시키는 그런 훈육을 받아도 많은 걸 얻을지 모른다. 하지만 사람의 생애 대부분을 가두는 장소로 학교를 활용하는 몇몇 부자나라를 제외하면, 대다수 사람들은 학교 바깥에서 통찰이며 지식이며 기술 등을 습득한다. 따라서 한 사회가 학교에서 벗어나려면 문화 혁명으로 학교교육의 신화를 벗겨내는 일부터 시작해야 한다. 다음으로 이런 시도는 학교교육의 그릇된 이념—사람들을 길들이면서 어쩔 수 없이 학교교육이 필요하다는 신념—에서 인간의 마음을 해방시키는 투쟁으로 나아가야 한다. 이 투쟁은 마지막 적극적 단계로 가면 자유롭게 교육받을 권리를 얻기 위한 투쟁이 될 것이다.

문화 혁명가들이 해야 할 일은 어떤 의무적 교과과정의 강제도 거부할 수 있는 법적 보장을 확보하는 것이다. 현대적이고 인간적인 사회를 만드는 권리장전의 첫 장은 미국 수정헌법 제1조와 합치해야 한다. 종교, 표현, 집회의 자유를 제한하는 그 어떤 법률도 만들 수 없다는 수정헌법 제1조처럼, 국가는 교육의 제도화를 규정하는 어떤 법률도 만들어서는 안 된다. 모두가 의무적으로 따라야 하는 교과과정을 만들어서도 안 된다. 둘째로, 이런 탈제도화 방안이 효력을 발휘하려면, 고용과 선거의 차별을 금하는 법이 그러하듯이 일정한 교과과정을 이수해야만 배움의 전당에 입학 허가를 내주는 따위의 차별 행위를 금하는 법률이 필요하다. 이러한 법적 보장을 한다고 해서 특수한 종류의 능력 검정까지 없애자는 건 아니다. 하지만 공적 자금이 엄청나게 들어가는 기술의 습득자들만을 우대하는 현재의 불합리한 차별은 폐지해야 마땅하다. 세 번째의 법적 개혁은 시민 각자가 공공의 교육자원을 동등하게 가질 권리, 자신의 몫을 확인받을 권리, 그것을 거절당하면 고소할 권리를 보장하는 것이다. 제대군인지원법(GI Bill) 같은 보상 방안을 확대 적용하거나 시민 모두에게 교육 신용카드를 쥐어주는 것도 이런 법적 보장을 효과적으로 시행하는 방안일 것이다.

의무교육을 폐지하고, 고비용이 드는 학업을 마친 사람을 우대하는 고용상의 차별을 없애고, 추가로 교육 신용제도를 도입하고 나면, 무상으로 교육 서비스를 주고받는 활동들이 일어날 것이다. 이런 무상 교환은 지금의 정치 이념을 그대로 따르더라도 다양한 장치를 통해 촉진할 수 있다. 예를 들어 사회적으로 꼭 필요한 기술을 습득한 사람에게 주는 장려금, 생애 후반부에 사용할수록 혜택을 더해주는 이자 적립식 교육 신용제도, 작업 공정을 교육 과정과 결합하여 시행하는 기업에게 주는 혜택 등이다. 이러한 네 번째 보장 방안은 교육 시장의 독점에 맞서 소비자를 보호한다는 점에서는 독점금지법과도 비슷하다.

내가 지금까지 교육을 예로 들어 보여주고자 한 것은, 문화혁명이나 제도 혁명을 실현하기 위해서는 현실을 있는 그대로 봐야 한다는 것이다. 하지만 지금 사람들이 상상하는 발전은 정반대다. 주어진 환경을 관리하고 조작하여 인간을 그 환경에 맞는 도구로 만들겠다는 것이다. 문화 혁명은 인간에게 주어진 현실을 재검토하고 이 현실에 맞는 용어로 세계를 다시 정의하는 일이다. 이와 달리 발전은 환경을 억지로 만들려는 시도이며, 엄청난 비용을 들여 그 환경을 구매하라고 사람들을 가르치는 일이다.

현대인을 위한 권리장전을 제시한다고 해서 문화 혁명이 저절로 일어나는 것은 아니다. 그것은 단지 선언일 뿐이다. 내가 지금까지 설명한 것은 교육 권리장전에 들어갈 원칙들에 불과하다. 물론 이 원칙들은 다른 분야에도 적용할 수 있을 것이다.

가령 학교 제도의 해체는 인간의 기본적 필요와 그것을 충족하는 방식에 대한 독점으로부터 벗어나는 일에 원용할 수 있다. 학교교육의 이수에 근거한 차별은, 저소비와 특혜 부족 때문에 받는 제도상의 차별로 일반화할 수 있다. 교육 자원의 동등한 보장은 역진세제의 시행에 맞서는 보장이기도 하다. 교육 분야의 독점금지법은 보통의 독점금지법을 특정 분야에 적용한 사례가 될 것이다. 다른 분야에서도 교육 분야처럼 헌법이 규정하는 독점금지 조항을 법적으로 응용할 수 있을 것이다.

의무교육에 숨겨진 사회와 인간 정신에 대한 파괴적 성격은, 모든 제도들에 숨어있는 파괴성을 보여주는 한 가지 사례에 지나지 않는다. 이 제도들은 오늘날 인간의 기본적 필요를 충족하는 데 필요한 물품, 서비스, 복지제도의 종류들을 지시하고 감독한다. 따라서 우리가 사는 환경에 대한 우리 자신의 통제력을 회복하는 길은 문화 혁명과 제도 혁명밖에 없다. 소수가 자기들 이익을 위해 억지로 제도를 발전시킴으로써 일으키는 폭력은, 오직 이런 혁명으로만 막을 수 있다.

이 점을 가장 잘 지적한 사람이 마르크스일 것이다. 리카도와 그의 학파를 비판하는 글[34]에서 그는 이렇게 말했다. "그들은 '쓸모 있는 것'만 만들고 싶어 하지만, **쓸모 있는** 물건을 너무 많이 생산하면 **쓸모없는** 사람이 많아진다는 사실은 잊고 있다."

---

34 마르크스의 『경제철학초고』(*Economic and Philosophic Manuscripts of 1844*) 중 '제 3초고'를 말함.

한 사상가의 내면 전기

고전의 반열에 오를 사상에는 피할 수 없는 운명이 있다. 세상에 던져지자마자 사람들을 열렬한 지지자와 극렬한 반대자로 갈라놓고, 논쟁의 불길로 스스로를 점화하며 시대를 건너야 한다. 유행은 모두가 좋아하지만, 그 열기는 곧 사그라진다. 아무도 논쟁의 불씨를 지피지 않기 때문이다.

시작과 끝

2002년 12월 2일 이반 일리치가 사망하자 전 세계 주요 언론은 두꺼운 책 한 권이 넘을 부고 기사를 쏟아냈다. 그는 "20세기 후반의 가장 급진적 사상가"(더 타임스)이자 "전 세계의 위대한 사상가 중 한 명"(가디언)이었지만, "논쟁을 일삼는 선동가"(AP)이기도 했고, "현대의 기술을 반대한 괴짜이면서 몽상가"(워싱턴포스트)였다. 저주에 가득 찬 몇몇 기사는 이미 죽었어야 할 사람이 드디어 사망했음을 선포하는 축포였다. 그는 "어느 곳에서든 현대 문명의 심장부를 겨냥한 사상의 저격수"(뉴욕타임스)였지만, 그 때문에 전 세계를 양분한 자본주의와 사회주의 양쪽 진지에서 집중포화를 맞았다. 그만큼 이 사상가의 말과 글이 이 시대에 얼마나 많은 영향을 끼쳤는지 보여준다.

하지만 그가 여러 학문 분야에서 이룬 공헌은 현실 사회에 끼친 영향보다 훨씬 광대했다. 그는 사회학, 역사학, 경제학, 신학, 여성학, 의학 등에서 뚜렷한 업적을 남겼다.『공생공락을 위한 도구』(*Tools for Conviviality*)에서는 서구 문명의 중심을 이룬 기술을 새로운 차원으로 분석했고,『병원이 병을 만든다』(*Limits to Medicine*)에서는 의학 분야에서 생소한 '문화적 의인병(醫因病)'을 다루었으며,『젠더』에서는 '젠더'라는 용어를 학문적으로 처음 정립하여 서구 노동사를 새로 쓰게 만들었다.

이반 일리치의 이름 앞에는 수많은 수식어가 따라 붙는다. 그는 '급진주의자'였고, '우상파괴자'였으며, 무엇보다 '도전적 사상가'였다. 하지만 이렇게 덕지덕지 붙은 수식어들이 그의 이름 속으로 파고들어가 '일리치'라는 이름은 더욱 강해졌고, 그의 저서는 고전으로 남았다. 그럼에도 일리치는 어떤 사상가보다도 한마디로 정의하기가 어렵다. 나는 1970년대부터 일리치와 함께 연구 작업을 해온 정치 사상가 더글러스 러미스에게 일리치는 어떤 범주에 속하는 사상가냐고 물었다. 그는 "일리치는 어떤 범주에도 넣을 수 없는 사상가다. 그를 규정할 수 있는 것은 오로지 '일리치'라는 이름뿐"이라고 말했다.

그렇다면 '일리치'라는 이 독자적 범주에는 어떻게 들어갈 수 있는가? 일리치의 가장 가까운 벗이자, 그의 책이 얼마나 끈질긴 오해를 받았는지 누구보다 잘 아는 리 호이나키는 "우리에게 가장 큰 의미로 다가오는 것을 보여준다면 그것이 한 사상가의 내면 전기"라고 스페인 철학자 미겔 데 우나무노가 『삶의 비극적 감정』에서 한 말을 인용하면서, 일리치의 삶이 그의 사상을 이해하는 데 도움이 될 것이라고 말했다.[1]

하지만 어떻게 한 사람의 삶을 짧은 글로 다 담아낼 수 있을 것인가? 다행스럽게도 일리치의 삶에는 내면에서 솟아 올린 뚜렷한 굴곡이 있다. 적어도 그 능선을 따라갈 수는 있다. 비평가들은 일리치의 저작을 중심으로 그의 사상을 전반부(1970년대)와 후반부(80년대)로 구분한다. 하지만 그의 사상에 중요한 영향을 끼친 생애를 고려하면 그의 내면 전기는 4개의 장으로 이루어질 것이다.

1) 1950~60년대 : 가톨릭 사제로서 교회와 개발을 비판한 시기

---

1 이반 일리치, 데이비드 케일리, 『이반 일리치와 나눈 대화』, 물레, 18~19쪽.

2) 1970년대 : 세계적 작가로서 현대사회의 여러 제도를 분석한 시기

3) 1980년대 : 역사학자로 중세 연구에 몰입한 시기

4) 1990년대 : 인간의 감각, 신체, 우정을 연구한 시기

이 네 단계는 한 명의 인물로 보기 어려울 정도로 뚜렷이 구별된다. 일리치는 자신의 한 시기와 급격히 단절하면서도 변치 않는 일관성으로 다음 단계로 건너갔다. 그중에서도 많은 이들이 주목하지 않은 1960년대와 90년대에는 일리치를 잘 이해할 수 있는 핵심이 들어있다. 그의 처음과 끝은 서로를 응시하며 사상 전체를 비춘다.

어린 망명자

이반 일리치는 1926년 오스트리아 빈에서 아리아인 아버지와 유대인 어머니 사이에서 태어났다. 아버지 집안은 당시 유고슬라비아 달마티아에서 포도주와 올리브유를 대규모로 생산하는 유서 깊고 부유한 가문이었다. 일리치는 빈에서 태어난 지석 달 만에 할아버지가 있는 달마티아에 보내져 어린 시절을 보냈다.

그가 태어난 빈과 달마티아는 1차 세계대전 이전의 중세 유

럼의 기억을 간직한 곳이다. 할아버지 집은 14세기 무렵부터 집안 대대로 살아온 집이었다. "몇 백 년 동안 똑같은 올리브나무 서까래가 그 집의 지붕을 떠받쳤고, 한길에서 멀리 떨어져 사는 사람에게 역사는 알아차릴 수 없을 정도로 느릿느릿 흘러갔다."[2]

하지만 일리치가 태어날 무렵 모든 것이 바뀌었다. 일리치가 여섯 살이 되던 해 어머니는 유고슬라비아에 반유대인 정서가 퍼지자 일리치와 일리치의 동생을 데리고 빈으로 이주했다. 그러나 얼마 후 빈은 독일군이 점령했고, 외할아버지의 저택은 나치에게 빼앗겼다. 일리치는 어머니와 동생을 데리고 이탈리아 피렌체로 피신했다. 고등학교에서는 이탈리아 반 나치 운동에 가담했다.

이 시기에 일리치는 여러 학위를 받았다. 피렌체 대학교에서는 화학을, 로마 그레고리언 대학교에서는 철학과 신학을 공부했고, 오스트리아 잘츠부르크 대학교에서 토인비에 대한 연구로 박사학위를 취득했다. 어려서부터 여러 언어를 배웠지만 학교에 다니지 않은 그가 이렇게 많은 학위를 얻은 것에 대해서는 "순전히 실용적 이유" 때문이라고 말했다. 파시스트 정권 아래에서 합법적 신분증을 얻기 위해서였다.

그는 유년 시절을 돌아보면 "망명자 같은 느낌"이라고 말했

---

2 이반 일리치, 『과거의 거울에 비추어』, 느린걸음, 71쪽.

다. "파란색 물결이 넘실대는 아드리아 해와 석회암으로 이루어진 산들, 어린 시절의 달마티아 풍경을 잊지 못했기 때문이다."[3] 일리치는 죽을 때까지도 "내 집이라 부를 만한 장소 없이 늘 천막 같은 곳에서"[4] 살아야 했다.

달마티아에 면면히 이어져 온 중세 유럽의 전통은 두 차례의 세계대전으로 급격히 파괴되었다. 함께 신학을 공부했던 도미니코 패리아스는 "달마티아는 일리치의 가슴 속에서 영원히 변치 않는 것이 되었다"[5]고 말했다. 일리치가 기억하는 달마티아는 지상에서는 사라진 섬이었지만, 그의 무의식 깊은 곳으로 들어가 사상의 뿌리를 기르는 영토가 되었다. "일리치가 그처럼 예민하고 완전한 비평가가 된 것은 오랜 역사의 토양에 뿌리를 내린 덕분이었다."[6]

1. 성스러운 불복종 1951년~1970년(25~44세)

『깨달음의 혁명』(1970)

일리치는 스물다섯 살에 사제 서품을 받았다. 그리고 초기 그리스도교인이 박해를 피해 숨었던 카타콤에서 첫 미사를 올렸

---

3 Ivan Illich, "The Cultivation of Conspiracy", 1998.
4 『이반 일리치와 나눈 대화』, 93쪽.
5 Domenico Farias, "In the Shadow of Jerome", *Challenge of Ivan Illich*, p. 60.
6 『이반 일리치와 나눈 대화』, 17쪽.

다. 장차 추기경감으로 촉망받는 사제였던 그는 로마교황청 외교국에 배속되었지만, 곧 뉴욕으로 떠났다. 프린스턴 대학교에서 박사후 과정을 밟을 예정이었다. 그는 "교회의 관료제도 속으로 들어가고 싶지 않았다"[7]라고 말했다. 뉴욕에 도착한 첫날 당시 뉴욕으로 몰려들던 푸에르토리코 이민자들 이야기를 듣고 추기경에게 그들이 모여 사는 맨해튼의 빈민가 교회로 배치해 달라고 청했다.

1951년, 일리치는 뉴욕 175번가 푸에르토리코 강생 교구의 보좌신부로 임명되었다. 빈민가에 아파트를 빌려, 동네 사람들과 일터로 나간 이민자들의 아이를 돌봐주며 대화를 나누는 장소로 만들었다. 가난한 사람들이 원래 가지고 있던 생활양식과 삶의 기술을 되살려 스스로 자립을 할 수 있도록 도와주려 했다. 그는 자기 인생에서 "진짜 인생이라 부를 만한 생활을 접하며 지낸 건 이 시절"[8]이라고 말했다. 당시 일리치와 함께 지냈던 신부는 "신자들과 삶을 공유하는 신부가 거의 없던 시절에 일리치는 그들과 함께 살며 깊은 존경을 받았다"[9]고 회상했다.

이 시기 일리치에게 교회에 대한 비판이 싹을 틔웠다. 피터 캐논이란 필명으로 교회 변화를 역설하는 글을 잡지에 싣고, 성

---

7 『이반 일리치와 나눈 대화』, 97쪽.
8 『이반 일리치와 나눈 대화』, 98쪽.
9 이반 일리히, 『이반 일리히의 유언』, 이파르, 2010, 27쪽.

직 제도를 비판하는 「사라지는 성직자」를 집필했다. 이 글에서 "교회는 거대한 관료조직이 되었고, 성직자는 세속의 꼭두각시가 되었다"며 교회가 권력으로서 무력할수록 종교 본연의 역할을 다할 수 있다고 말했다. 서른 살에 푸에르토리코의 가톨릭대학교 부총장으로 임명되었다. 그곳에서도 주민들과 함께 살았다. 외딴 어촌 마을에서 작은 오두막을 성당으로 꾸미고 주일 미사를 집전했다. 1950년대 뉴욕과 푸에르토리코에서 이 젊은 신부를 기억하는 이들은 날카롭게 사회를 비판하는 일리치보다 가난한 마을에서 "저녁 미사를 올리는 일리치를 떠올릴 때 진짜 일리치와 함께 있는 느낌이 든다"[10]고 말했다.

교회 비판과 함께 일리치는 당시 전 세계에 불던 개발을 반대하는 일에 집중했다. 1961년, 교황 요한 23세는 케네디 대통령의 제3세계에 대한 개발 원조 계획을 지원하기 위해 북미 성직자의 10퍼센트를 라틴아메리카로 보낼 것을 명했다. 일리치는 "개발의 시대를 전복하려는 목적"으로 멕시코 쿠에르나바카에 '문화교류문헌자료센터'(CIDOC)를 설립했다. 그는 "개발은 미국식 중산층 생활문화를 제3세계에 강요하는 일이며, 모두를 가난한 생존에 빠뜨릴 것"이라고 예견했다. "기술발전으로 인한 실업이 증가하고 상품 의존이 심화하면 빈부의 양극화가 심해

---

10 Joseph Fitzpatrick, "Ivan Illich as We Knew Him in the 1950s", *The Challenge of Ivan Illich*, p. 38.

질 것"이라고 연설하며 다녔다.[11] 아무도 개발에 이의를 제기하는 사람이 없던 시절, 모두가 그를 기인으로 취급했다.

CIDOC는 라틴아메리카로 향하는 사제와 수녀, 자원봉사자를 위한 어학교육 기관이었지만, 전 세계 사상가와 운동가들이 모이는 진보적 사상의 진원지가 되었다. 개발에 대한 비판의 강도가 거세지자 로마교황청과 갈등이 깊어지다가, 1969년 일리치는 급기야 교황청 신앙교리성에 소환되어 심문을 받는다. 심문 내용은 CIA 보고서를 기반으로 작성되었다. 교황청은 CIDOC에 대한 자금을 차단하고 신부와 수녀의 출입을 통제했다. 일리치는 마침내 대주교에게 다음과 같이 편지를 보내고 스스로 사제직을 버렸다. "저는 교회의 암담한 현실을 보았습니다. 이제 두 번 다시 로마 가톨릭 교회가 사제의 직무라 여기는 어떤 활동에도 관여하지 않겠습니다. 그리고 어떤 의무도, 특권도 거부합니다."[12]

일리치는 교회를 부를 때 그녀(she)와 그것(it)으로 구별했다. 이 날로 그는 제도교회(it)에 고용된 직원의 자리는 사임했지만, 어머니 교회(she)는 삶과 사상의 핵심이 되었다.

---

11 이반 일리치, 이 책 『깨달음의 혁명』 참고.
12 『이반 일리히의 유언』, 37쪽.

깨달음의 혁명

이 시기의 일리치의 활동과 사상을 담은 저서가 바로 『깨달음의 혁명』(*Celebration of Awareness*)이다. 이 책은 1960년대에 쓴 12편의 글을 모은 그의 첫 저서로, 이후에 발표한 모든 책의 서문이자, 새로운 혁명에 대한 선포로 볼 수 있다. 또한, 에리히 프롬이 쓴 서문은 일리치에 대한 하나의 완결된 비평이다. 그는 일리치 사상의 정수를 '인본적 급진주의'(humanist radicalism)라고 정의했다. 우리말로 '급진적' 혹은 '근원적'으로 번역하는 영어의 'radical'은 '뿌리'(root)를 뜻하는 라틴어 radix에서 온 단어로 '뿌리로 돌아간다'는 뜻이다. '급진'(急進)은 근원으로 돌아가는 것이다. 정치적 측면에서 보자면, 급진주의가 빠진 보수와 진보는 사실상 제도적 혜택과 권리의 분배라는 기준으로 좌와 우의 수평축에서 양적 차이만 있을 뿐이다.

급진주의는 또한 '개인 혁명'의 가능성을 제시한다. 에리히 프롬은 급진주의는 "특정한 정치 이념이 아니라, 세상을 보는 태도"이며, "모든 것을 의심하라"는 한 마디로 그 특징을 압축할 수 있다고 말한다. 여기서 의심이란 모든 사람이 우상처럼 믿는 상식이나 제도에 '근본적 질문'을 던지는 행위다. 근본적 질문을 던지려면 한 사회나 문명 전체가 만들어낸 개념을 의심하면서 인식의 지평을 끊임없이 넓혀 나가 이성의 밑바탕에 깔린 무의식의 심층까지 도달해야 한다. "인간적 급진주의는 어떤 이념이 건 제도건 더 큰 삶의 활력과 기쁨을 누릴 수 있는 인간의 역량을 키우는가 아니면 방해하는가"라는 관점을 고수한다.[13]

에리히 프롬은 일리치의 위대한 가치는 이 '급진주의'을 풍부한 상상력으로 완벽하게 보여준 점이라고 말한다. 더글러스 러미스 역시 현대인들에게 일리치가 주는 메시지가 있다면 그것은 사람들에게 '무엇을 해야 할지' 이전에 '어떻게 생각해야 하는지'를 가르쳐 준 점이라고 말했다. "생각의 전환은 삶의 전환을 불러일으키고, 해석과 재사유가 가능하면 변화의 가능성은 이미 존재한다."[14]

일리치의 저서는 서로 다른 주제와 태도를 보일지라도 이 '급진주의'를 면면히 유지한다. 하지만 일리치는 말년에 이 책을 썼을 때를 이렇게 회고했다. "1960년대에 저는 너무나 순진하게도 뿌리로 뚫고 들어가는 작은 식물이 두꺼운 벽을 무너뜨릴 수 있듯, 삶을 통해 세계를 무너뜨릴 가능성이 있다고 주장한 시절이었습니다." 세상이 어떻게 바뀔지 두려움이 없던 시절이었다. 이후에 발표한 책은 "죽음이라는 운명을 안고 살아가는 삶의 신비와 아름다움이 사라진 사회가 어떻게 해서 만들어졌는지를 말하는 것"[15]이었다.

---

13 이 책 '머리말' 참조.
14 『과거의 거울에 비추어』, 353쪽.

일리치에게 60년대는 중남미 정치 격돌의 한가운데서 "쇠사슬로 맞고 총격을 받기도 하며" 격렬한 사회 운동에 몰입한 시기였으며, "가난한 사람의 삶에 발을 담그고" 교회와 개발을 날카롭게 비판한 시기였다. 가난한 삶과 교회, 이 두 개의 믿음은 그가 평생 사상의 여정을 걷는 두 발이 되었다. 이 때 설립한 CIDOC는 열띤 토론을 통해 그가 소책자라 부른 여러 저서를 생산하는 기반이 되었다. 이제 모든 준비는 끝났고, 신부복을 벗은 일리치는 세상의 한가운데로 나갔다.

2. 현대 문명의 저격수 1971년~1980년(45~54세)

『학교 없는 사회』(1971)『공생공락을 위한 도구』(1973)『행복은 자전거를 타고 온다』(1974)『의료의 한계』(1976)『누가 나를 쓸모없게 만드는가』(1978)

1970년대에 일리치는 인간의 자율을 억압하는 현대의 기술과 제도에 대한 분석과 비판에 집중했다. 그의 저서는 세계적인 관심과 논쟁을 불러일으키며 베스트셀러가 되었다. 작가와 강연자로서 엄청난 명성을 얻은 그가 제시하는 의제는 전 세계에서 토론되었다.[16] "강연장은 기적 같았고, 책은 핫케이크처럼 팔려 나갔다."[17]

---

15 『이반 일리치와 나눈 대화』, 301쪽.
16 Thierry Paquot, "The Nonconformist – Ivan Illich: A tribute", Le Monde Diplomatique, January 2003.

우리는 이반 일리치를 대체로 이 시기의 저서를 통해 알고 있다. 볼프강 작스는 『학교 없는 사회』와 『의료의 한계』 같은 70년대 저작의 요지를 "배우고, 걷고, 살아가고, 서로를 돌보는 인간 본연의 행위를 지켜내려는 변론이며, 학교, 교통, 도시, 병원, 매스미디어로 가능해진 대량생산에 대한 반론"[18]이라고 요약했다. 이 시기 일리치의 저작은 5,60년대부터 키워진 그의 믿음을 여러 사회 제도에 적용한 것이다.

일리치의 키워드

일리치의 사상은 그의 삶과 함께 그가 자주 쓰는 몇 가지 키워드를 들여다볼 때 더 쉽게 이해할 수 있다. 일리치는 평범한 말을 조금은 자극적으로 사용해 사람들이 새로운 것을 볼 수 있게 노력했다. 일리치만의 열쇠말은 복잡한 그의 사상을 이해하는 데 도움이 된다. 그는 현대의 여러 기술뿐만 아니라 언뜻 도구라 부르기 어려울 것 같은 학교나 병원, 복지 제도 같은 것도 '도구'(tool)라고 불렀다. 그렇게 부른 이유는 학교나 병원, 교통 등이 망치나 톱처럼 "어떤 목적을 달성하기 위해 고안한 장치"

---

17 Marion Boyars, "The Adventure of Publishing Ivan Illich", *The Challenge of Ivan Illich*, p. 46.

18 이반 일리치, 『누가 나를 쓸모없게 만드는가』, 느린걸음, 122쪽.

라는 것을 이해시키려는 의도였다.[19]

일리치의 이론과 개념에는 대체로 사회적 의미와 함께 종교적 의미도 들어 있는데, 도구에는 신학적 의미가 들어 있다. 일리치는 도구를 인간이 "자신의 불완전함을 극복하고 인간이 살아가기 위한 최상의 조건을 회복하는 것이며, 인간이 세계에 끼친 손상을 치료하는 데 도움을 주는 것"[20]이라 보았다. 그 **도구**가 어느 시점을 지나 오히려 인간보다 힘이 커지면서 애초의 목적과 정반대로 기능한다. 일리치는 이것을 **역생산성**(counterproductivity)이라 불렀다. 병원은 병을 만들고, 학교는 학생을 바보로 만들고, 교도소는 죄수를 양산하고, 고속도로는 차를 멈추게 한다. **역생산성**을 유발하는 제도와 기술만 사용할 수밖에 없는 환경이 **근본적 독점**(radical monopoly)이다. "근본적 독점이란 사람들이 스스로 할 수 있는 의미 있는 활동을 기업 상품과 전문가 서비스가 대체해버린 것이다. 이 상황에서는 전문가가 만드는 것에 유리하도록 인간의 자율적 행동은 마비된다."[21]

근본적 독점이 이루어지면, "직장에 다니지 않거나 소비를 하지 않는 사람은 쓸모없는 사람이 되어"[22] 무기력과 절망에 빠진다. 이것이 **현대화된 가난**(modernized poverty)이다. 이 가난은 물질

---

19 『이반 일리치와 나눈 대화』, 124쪽.
20 같은책, 247~248쪽.
21 『누가 나를 쓸모없게 만드는가』, 88쪽.
22 같은책, 8쪽.

적 가난이 아니다. 산업 생산성이 가져다준 물질에 기대어 살면서 삶의 능력이 잘려나간 사람들이 겪는 풍요 속의 절망이다.[23] 마르크스는 "쓸모 있는 물건을 많이 만들수록 쓸모없는 사람이 많아진다"고 표현했다.

일리치에게 1970년대는 유일하게 사회가 변화할 가능성을 낙관한 시기였다. 또한 유일하게 성공과 명예를 얻은 시기이기도 했다. 하지만 그런 시절은 다시 돌아오지 않았다.

3. 중세로 사라진 역사가 1978년~1989년(52~64세)

『필요의 역사에 대하여』(1978) 『그림자 노동』(1981) 『젠더』(1982) 『H2O와 망각의 강』(1985) 『ABC: 민중 지성의 알파벳화』(1988)

앞에서 살펴본 '역생산성'이란 개념에는 과도해진 제도가 언젠가 스스로 내파(implosion)할 것이라는 의미가 깔렸다. 즉 제도는 스스로 붕괴할 것이다. 하지만 그런 일은 벌어지지 않았다. 사람들은 평생을 학교에 다니며, 세계는 병동이 되었다. 누군가를 돕는 일은 자선단체에 기부하는 일이 되었고, 상품은 생활 곳곳에 스며들었다. 인간은 소비자가 되어 화폐를 축적하고 실어 나르는 역할을 하게 되었다. 태어나서 죽을 때까지 삶을 사는 것은 인간이 아니라 제도가 되었다.

---

23 같은책, 6쪽.

1980년대에 이런 현상을 보면서 일리치는 스스로 "사상이 철저하지 못했다"고 깨닫는다. 제도가 문제가 아니라 '의료'나 '교육'이라는 현대의 관념이 더 근본 문제였다. 그는 '도구가 무엇을 하는가'에서 '도구가 무엇을 말하는가'로 연구 방향을 전환한다. 그리고 '도구' 대신 '시스템'이라는 말을 쓰기 시작했다. 시스템은 도구와 달리 사용자와 뚜렷이 구분되지 않는다. "이제는 도구에 대해 더 이상 이야기할 수 없는 시대가 되었죠. 이 탁자 위에 놓인 컴퓨터는 도구가 아닙니다. 컴퓨터는 도구의 근본적인 특징인 사용자와 도구의 원거리성(distality)이라는 속성이 없어요. 시스템 내에서 운영자는 시스템 일부가 됩니다."[24]

일리치는 현대의 상식과 관념이 언제부터 어떻게 생겼는지 그 기원을 찾기로 결심했다. 1976년 CIDOC를 폐쇄한 후 동남아시아로 도보여행을 떠났다. 서양의 현대 문명을 낯설게 보기 위한 탐사였다. 오랜 기간 길 위에서 보내고, 일본어와 힌디어 등 동양의 언어를 배우려 했다. 아시아에서 돌아와서는 12세기 유럽 연구에 집중했다. 12세기는 현대의 제도와 관념이 대부분이 형성된 시기였다. 그는 우리가 생각하는 교육, 신체, 건강에 관한 상식에는 뚜렷한 역사적 시작점이 있다는 것을 증명했다.

---

24 『이반 일리히의 유언』, 326쪽.

1980년대로 오면서 일리치는 언론과 학계에서 외면 받았고, 출간한 책은 제대로 조명되지 않았다. 말년을 그는 미국과 유럽의 여러 대학에서 중세 역사를 가르치면서 보냈다. 더 이상 세계의 변혁 가능성을 낙관하지 않는 그에게 작가와 사상가의 명성도 필요하지 않았다. 화려한 조명이 꺼지고 이제 안에 남은 마지막 불씨를 태울 시간이 다가왔다.

4. 일리치의 죽음 1990년~2002년(64~76세)

「자기 책임으로서의 건강: 사양합니다」(1990) 『과거의 거울에 비추어』(1992) 『텍스트의 포도밭에서』(1993) 「자크 엘륄 헌정사」(1993) 『우정에 대하여』(1998)

1990년대 들어 일리치의 말과 글은 "점점 시대의 비가(悲歌)처럼"[25] 들렸다. 일리치는 자신의 책을 "크나큰 슬픔을 안고서 서양 문화의 사실을 받아들이려는 시도"[26]라고 말하기도 했다. "우리는 창조되었던 모습에서 점점 멀어져 가공된 현실에 살고 있습니다. 몇 십 년 전에 저는 이 만들어진 세계를 고치는 책임을 함께 나눌 수 있다고 생각했습니다. 하지만 마침내 저는 무력함이 무엇인지 알게 되었습니다. 책임은 이제 망상입니다. 저는 이 무력함을 순순히 받아들이고, 사라져 버린 것을 애도하며, 더 이상 돌이킬 수 없는 것을 단념해야 합니다."[27]

---

25 Carl Mitcham, "The Challenges of This Collection", *Challenge of Ivan* Iliich, p. 18.
26 『이반 일리치와 나눈 대화』, 267쪽.

일리치에게 시스템으로 변모한 현대사회는 이성으로 분석할 수 없는 공포스러운 '악'으로 다가왔다. "우리는 악으로부터 고통을 겪고, 그 악 때문에 산산이 부서지지만, 그 악을 이해할 수도 없고 통제할 수도 없습니다"[28]라고 한탄했다. "현대인은 이 현실이 너무나 두려운 나머지 그 공포를 보지 않으려고 이미지와 표상을 끔찍하게 소비하도록 자신을 내버려 둡니다. 조작된 미디어가 점점 더 현실처럼 보이는 유사현실을 만들고, 인간이 자신을 발견할 수 있는 실제 현실을 보지 못하게 어둠의 장막을 세웠습니다."[29]

50대부터 일리치 얼굴에 혹이 생겼다. 이 혹은 결국 몇 개의 작은 종양이 되어 포도알만큼 커졌고, 턱까지 퍼져서 청력과 수면, 집중력을 방해했다. 그는 끝내 병원에 가서 종양을 제거하는 수술을 받지 않고 침술과 요가, 생아편 등으로 고통을 참았다. 죽을 때까지 20여 년간 혹을 달고 살았다. 주변 친구들이 왜 그렇게 고통을 참느냐고 물으면 "헐벗은 마음으로 그리스도를 따를 뿐"이라고 성 제롬의 말을 인용했다. 고통에는 다 어떤 의미가 있는 것이며, 고통을 견뎌낼 힘 또한 같이 있다고 믿었다. 그

---

27 Ivan Illich, "Health as One's Own Responsibility: No, thank you!", Ellul Studies Forum, issue no. 8, January 1992.

28 같은 글.

29 "Statements by Jacques Ellul and Ivan Illich", Technology In Society, Vol. 17, No. 2, pp. 231~238.

는 고통을 그의 삶에 찾아온 선물로 받아들였고, 하루하루 충만한 삶을 살았다. 지금으로서는 완전히 공감하기 어려운 고통에 대한 이러한 생각은 1990년 독일 하노버에서 연설한 「자기 책임으로서의 건강: 사양합니다」에 들어 있다. 그의 사상과 저서의 정점인 이 연설문은 그의 유언처럼 들린다.

"우리는 고통을 겪습니다. 우리는 아픕니다. 우리는 죽습니다. 그러나 우리에게는 희망이 있고, 웃음이 있고, 축복이 있습니다. 우리는 서로를 보살피는 기쁨을 알고 있습니다. 나는 우리가 모두 건강에 대한 두려움에서 시선과 생각을 들어 올려 '삶의 기술'을 키우기를 바랍니다. 또 삶의 기술만큼 중요한 '고통의 기술'과 '죽음의 기술'을 키워야 한다고 생각합니다."[30]

2002년 이반 일리치는 독일 브레멘의 친구 집에서 물 세 컵을 마시고 편안하게 낮잠이 들었다. 그리고 다시 깨어나지 못했다. 그 누구보다 평화로운 죽음이었다고 한다. 리 호이나키는 일리치가 마지막까지 겪은 세 가지의 고통을 이렇게 전한다.

"일리치에게 육체적 고통은 한순간도 쉬지 않고 끈질기게 찾아왔습니다. 그는 또한 다른 사람에게 친구로 다가가려는 시도에서 점점 심한 좌절을 느꼈습니다. 하지만 제 생각에 그에게 가장 끔찍한 고통은 말하고 싶은 것을 다 말할 수 없는 고통이

---

30 같은 글.

었습니다. 살아오면서 그렇게 수많은 이야기를 그토록 훌륭하게 말했던 그가 이젠 자신이 어렴풋이 느끼는 진리를 명확히 표현할 수 없다는 걸 절실히 깨닫고 있었습니다. 그로서도 이 최후의 혼란을 극복하기란 불가능했을 것입니다. 지금의 일리치의 죽음을 보는 제 감정은 커다란 감사입니다. 일리치는 죽기 전까지 겪었던 수많은 고통이 이제 자신의 믿음을 완수하고 죽음 속으로 삼켜졌습니다."

몇 해 전 문학평론가 정여울 씨가 독일 브레멘에서 찍은 일리치의 무덤 사진을 보여주었다. 그 사진을 보는 순간 온몸에 전율이 흘렀다. 이 세계적 사상가의 무덤은 두 개의 나뭇가지를 십자가처럼 엮어 땅에 꽂은 게 전부였다. 그곳이 일리치의 무덤이라는 것을 알 수 있는 것은 나무에 새겨 놓은 'IVAN ILLICH 1926~2002'가 전부였다. 나뭇가지 위에는 조약돌 몇 개가 얹혀 있고, 밑에서부터 야생화가 휘감고 있었다. 묘비명 없는 묘비가 살아생전 끝내 다 하지 못한 말을 대신 해주고 있었다. 그의 무덤은 인간이란 선물받은 하루하루를 남김없이 불사르다가 다시 초원의 들풀로 돌아가는 존재라고 알려주는 그의 마지막 책이었다.

데이비드 케일리는 일리치만큼 사람들 가슴 속에 생생하게 살아있는 사람도 드물 것이라며, 어느 수녀가 일리치의 죽음 앞에 보낸 다음 성서구절만큼 그에게 합당한 부고도 없을 것이라고 말했다. "나는 세상에 불을 던지러 왔노니, 이미 그 불이 타올랐으면 내가 무엇을 원하리요."(누가복음 12:49)

끝과 시작

일리치는 이 문명에 평생 도전했지만 끝내 패배한 것으로 보인다. 그가 작은 풀의 뿌리가 되어 무너뜨리려 했던 두꺼운 벽은 초고층 빌딩이 되었다. 인간은 이제 그 벽의 일부가 되었다. 차라리, 허물 수 없는 벽 앞에서 막막함을 느꼈던 시절은 얼마나 행복했을까.

우리에게 어떤 미래가 가능하냐는 물음에 일리치는 "저는 미래 따위에는 관심이 없습니다. 미래는 삶을 잡아먹는 우상입니다. 제도에는 미래가 있지만 우리에게는 미래가 없습니다. 우리에게는 오직 희망만이 있을 뿐입니다"[31]라고 말했다.

지금 현실은 일리치의 말과는 정반대가 되었다. 미래는 넘쳐나지만, 희망은 보이지 않는다. 미래는 장밋빛으로 빛나는데, 현실은 불안과 두려움의 잿빛으로 시든다. 좋은 직장에 들어가기 위해 학교에 갇히고, 안락한 노후와 아이의 미래를 위해 힘든

---

31 『과거의 거울에 비추어』, 352쪽.

직장 생활을 견딘다. 수익을 보장하는 금융상품과 언제 올지 모르는 사고에 대비하는 보험 상품과 건강할 때 건강을 지키려는 의료 상품이 미래에 대한 우리의 불안을 먹으며 번식한다. 삶은 미래의 장례식을 준비하는 지루한 시간이 되었다.

인간에게서 삶의 공간을 조금씩 허물어온 현대 문명은 이젠 시간마저 소멸시키고 있다. 과거는 오래전에 파괴되었고, 영원히 오지 않을 미래라 불리는 시간이 '지금'을 잡아먹는다. 시간과 공간이 사라진 세계에서 인간은 삶을 상실하고 끝이 없는 우주를 유영하는 먼지처럼 되었다.

'미래'는 이 시대의 종교다. 현대의 이 종교는 일리치처럼 말하면, 마치 가난한 자에게 천국을 보장했던 중세의 종교와 닮았다. 이 종교의 설교자들은 사람들에게 미래를 약속하면서 이곳에서 그들만의 천국의 군주로 군림한다. 우리는 미래를 약속받고 현재를 착취당한다. 시간과 공간을 잃어 신체도 잃은 인간은 죽음이 오기도 전에 먼저 사라지는 자신의 몸을 느끼려고 발버둥 친다. 자발적으로 감옥으로 들어가 간수의 채찍을 맞으며 자신의 몸을 느낀다.

"소비 사회에서는 필연적으로 두 가지 종류의 노예가 생겨난다. 하나는 중독에 속박된 노예이고, 또 하나는 시기심에 속박된 노예다."

일리치가 『공생공락의 도구』에 쓴 이 말은 옥스퍼드 인용사

전에도 올랐다. "현대인은 어디서나 감옥에 갇힌 수인이다. 시간을 빼앗는 자동차에 갇히고, 학생을 바보로 만드는 학교에 잡혀 있고, 병을 만드는 병원에 수용되었다."[32] 안락한 감옥에 갇혀 홈쇼핑에서 배달한 상품을 소비하며 누군가 만들어 놓은 자신의 욕구를 충족하고, TV와 인터넷의 유리 저편에서 나 대신 삶의 모험을 즐기는 주인공을 멍한 눈으로 바라본다. 현대의 노예가 고대의 노예와 다른 점은 노동조차 허용되지 않는다는 점뿐이다.

일도 빼앗기고 현실에서 추방된 그들은 '가상현실'이라 이름 붙인 세계로 망명했다. 가상현실도 스스로 생명을 갖고 증식하여 이제는 '증강현실'이 되어 '증강인간'을 만들었다. 그러나 증강인간도 가상현실에서만 커 보일 뿐 현실에서는 사소한 고통과 좌절 앞에서도 금방 무너지는 왜소한 인간일 뿐이다.

미래에 로봇이 인간을 대체할 것인가는 한가한 논의다. 그보다 중요한 것은 지금 인간이 로봇이 되어간다는 사실이다. 길을 걸으며 휴대전화기로 문자를 보내는 우리는 이미 사이보그다. 일리치는 인간이란 지금 이곳에서 '뜻밖의 우연'으로 바로 내 곁을 지나는 사람에게서 자신의 영혼을 발견하는 존재라고 믿었다. 그러나 지금 이 순간 내 육체에서 이탈한 내 의식이 중앙

---

32 『누가 나를 쓸모없게 만드는가』, 85쪽.

컴퓨터에 접속할 때, 내가 만났어야 할 신비로움은 나를 지나쳐 간다. 단말기를 통해 저 끝 모를 공간으로 이어지는 나는 지금/이곳에서 밀려오는 알 수 없는 '우연성'에 몸을 담그지 못하고 인간이 아닌 상태로 된다.

미래는 삶을 잡아먹었다. 그렇다면 오직 희망밖에 없다고 말한 그 희망은 어디에 있는가? 희망마저 사라진 것은 아닌가? 희망이 없어지면 삶은 불안과 희망으로 시들어 버린다. 이 사회에는 희망이 없다고 한다. 맞는 말이다. "사회에는 희망이 없다." 일리치는 희망을 던져 주는 사상가는 아니다. 오히려 깊은 절망을 드리운다. 어둠이 깊어져야 촛불이 드러나듯, 이 시대의 절망이 얼마나 깊고 무거운지 보여줌으로써 이미 우리 안에 있는 희망을 볼 수 있게 한다. 희망은 만드는 것이 아니라 발견하는 것이다. 그리고 그렇게 희망을 찾아가는 과정이 우리를 만든다.

이 책 『깨달음의 혁명』의 마지막 장 '새로운 혁명의 원리'에서 일리치는 "환경에 대한 인간 자신의 통제력을 회복시키는" 문화 혁명과 제도 혁명의 청사진을 제시한다. 언어가 마치 흙을 깨끗이 세척해 대형마트에 진열한 채소처럼 되어버린 시대에 '혁명'은 그 무엇도 지시하지 못하는 말이 되었다.

혁명을 뜻하는 영어 'revolution'은 14세기경 '바퀴처럼 회전

한다'는 의미의 라틴어 'revolvere'에서 나왔다. 그 후 'revolution'
은 주로 천체의 회전을 지칭하는 물리적 개념으로 쓰였다. 지금
같이 기존 체제에 저항한다는 정치적 의미는 17세기 영국 명예
혁명을 거쳐 18세기 프랑스 혁명에 와서야 정착되었다.[33]

일리치는 그리스도교의 역사에서 혁명이란 관념이 어떤 변화
를 거쳤는지 살펴보았다. 초기에 나타난 혁명이란 개념은 "창조
된 순간의 세계로 돌아간다는 관념"이었고 둘째는 "매년 봄 세
계가 초록으로 바뀌는 주기적인 회복"을 가리켰다. 그 다음으로
나타난 세 번째 혁명이 기꺼이 자기 자신을 뒤집고(revolve) 스
스로를 회복하고 개조하여 세계를 바꾸고 재생한다는 의미다.
일리치는 1960년대 서구에서 무르익었던 혁명의 전신은 바로
이 세 번째로 나타난 혁명의 개념, 즉 "세상과 사람을 위해 자신
이 할 수 있는 가장 중요한 공헌은 스스로의 마음을 돌이키는
(revolve) 것"[34]이라고 확신했다. 혁명이란 나의 마음을 돌려 세
상을 다시 살리는 것이다.

만일 혁명이라는 말이 앞으로도 생존한다면, 이반 일리치는
21세기에 시작할 새로운 혁명의 영감을 제공할 것이다. 그는 이
세계를 다시 돌릴 힘이 우리의 작고 연약한 삶에 있다는 믿음을
사상과 삶으로 보여주었다. 누구나 어렴풋이 느끼고 있듯 이 시

---

33 Raymond Williams, *KEYWORDS*, Oxford University Press, 1976, p. 226.
34 『이반 일리치와 나눈 대화』, 233~236쪽.

대는 종말에 진입했다. 그 종말은 이 세상을 재생하기 위해 다시 처음으로 돌아간다. 다만, 인간은 소멸하지 않을 것인가?

〈이반 일리치 전집〉을 펴내며

'이반 일리치'라는 이름을 말하면 사람들은 70~80년대를 풍미했던 이론, 또는 한물간 사상가의 기억을 떠올립니다. 어떤 이들은 학교로부터의 탈출이나 현대의료에 대한 거부를 외쳤던 반문명주의자의 초상을 떠올리기도 합니다. 이처럼 유행의 힘은 사상의 영역에도 예외가 아니어서 변할 수 없는 진리마저 낡고 빛바랜 것으로 만들곤 합니다. 그러나 어떤 진실은 시간의 변덕스런 힘에도 살아남아 뒤늦게 빛을 발합니다. 적지 않은 사람들이 꾸준히 일리치를 찾아 읽고 현실의 어둠을 헤쳐나갈 눈을 얻으려는 것은 그만큼 그의 사상이 진실의 힘을 가지고 있기 때문일 것입니다.

일리치가 한때의 유행에서 다시금 고전으로 부활하고 있는 것은 역설적으로 현대가 겪고 있는 위기가 더욱 커지고 깊어졌다는 뜻이기도 합니다. 끝없는 성장만이 인간을 행복하게 만들어줄 수 있다는 이념은 자유시장과 무한경쟁을 앞세운 신자유주의로 심화되고 있고, 그것이 오늘의 위기를 재촉하고 있다는 것은 모두가 느끼고 있는 사실입니다. 우리는 이 위기를 사회적, 생태적, 실존적 위기의 세 가지로 짚어볼 수 있습니다. 성장의 이데올로기는 능력에 따른 불평등을 정당화하고 결국 양보와 합의에 기초한 공동체의 토대마저 흔들고 있습니다. 그것은 또한 우리 모두에게 주어진 자연을 소수를 위한 착취의 대상으로 삼아버렸습니다. 이러한 사회적, 생태적 위기 속에서 우리는 물질적 욕구의 충족만을 행복으로 여기는 영혼 없는 존재로 타락해 가고 있습니다.

일리치는 이 모든 위기의 뿌리가 인간을 '호모 에코노미쿠스'로 본 근대 경제학에 있다고 합니다. 인간은 날 때부터 '필요'를 가진 존재이고 자연의 '희소성'을 두고 서로 싸워야 하는 존재라고 보는 관점 말입니다. 그러나 일리치는 우리의 필요란 조작된 것이요, 우리 삶의 조건은 희소한 것이 아니라 자급자족적 삶을 꾸려가기에 충분한 것이라고 말합니다. 우리의 가난이란 현대화된 가난으로서 상품을 소비할 수 없어서 생겨난 것이고, 그런 점에서 상품은 인간 삶의 모든 측면에 대해 근본적인 독점을 행사하고 있다는 것입니다. 따라서 상품의 끝없는 생산 및 소비에 의존하는 경제 성장은 필연적으로 역생산성에 빠질 수밖에 없다고 합니다. **가난의 현대화, 근본적 독점, 역생산성**은 이반 일리치가 우리에게 남겨 놓은 귀중한 통찰입니다.

사월의책이 새삼 〈이반 일리치 전집〉을 펴내는 까닭은 현대 사회에 대한 수많은 비판의 담론 위에 또 하나의 비판을 얹고자 함이 아닙니다. "이성으로는 비관하되 의지로 낙관하라"는 안토니오 그람시의 말대로 일리치는 현대를 비판한 만큼이나 인간 사회에 대한 낙관을 잃지 않았습니다. 그는 미래에 대한 비판적 전망이 현재에 드리워놓은 그림자로부터 그 현재를 재발견하는 것이야말로 우리가 해야 할 일이라고 보았습니다. 일리치를 읽는 것은 나 자신과 이 사회를 재발견하고 우리 자신에 대한 희망을 다시 세우는 일이 될 것입니다.

> "나는 세상에 불을 던지러 왔노니, 이미 그 불이 타올랐으면 내가 무엇을 원하리요." (누가복음 12:49)

사월의책 편집부